마른 똥막대기에 번개 쳤다

"부처가 무엇입니까"
"마른 똥막대기니라"

때로 똥막대기에 번개 쳤다

홍 일 지음

책머리에

당신이 있어
참
좋습니다.

어느 누구에게
그런 존재가 되어 준다면
행복이겠지요.

당신이 있어
참
좋습니다.

그대는
그런 당신을 가지셨습니까.

2012년 1월
다시 새봄이 오는 지리산 청허산방에서
홍일 쓰다

사랑하다가
해탈해
버려라

|one|

여인

– 아픕니다.

– 어디가 그리 아파요?

– 인생이 아립니다.

– 허허, 통증 없는 인생 어디 있겠습니까. 인생만 아파서 그래도 다행이네요. 전, 삼생三生이 다 결리고 쑤신답니다.

– …….

– 한 잔 드시고 아픔 가라 앉혀 보세요. 석 잔이면 씻은 듯 치유 될 겁니다. 그러나 그 이상은 안 됩니다.

– 무척 힘듭니다.

– 뭐가 그리 힘듭니까?

– 사랑이 힘듭니다.

– 허허, 그건 누구나 마찬가지 아니겠습니까? 이렇게 포기하고 머리 깎은 사람도 있는데……. 사랑고시는 합격생 보다 낙방생들이 더 많은 법이지요. 사랑고시 도전하다 번번이 떨어져 쓴잔 비우는 것도 남세스러워 아예 왕창 때려치운 사람도 허다합니다.

– 늘 마음이 편치 않습니다.

– 마음이란 문수도 번지수도 없는 나일론 양말이라 찾기도 잡기도 여간 어려운 게 아니지요. 편하다 편하지 않다 그런 것 까지 간파하신걸 보면 마음 있는 곳도 아실 터인데, 그럴 때 저승사자에게 연줄대어 잡

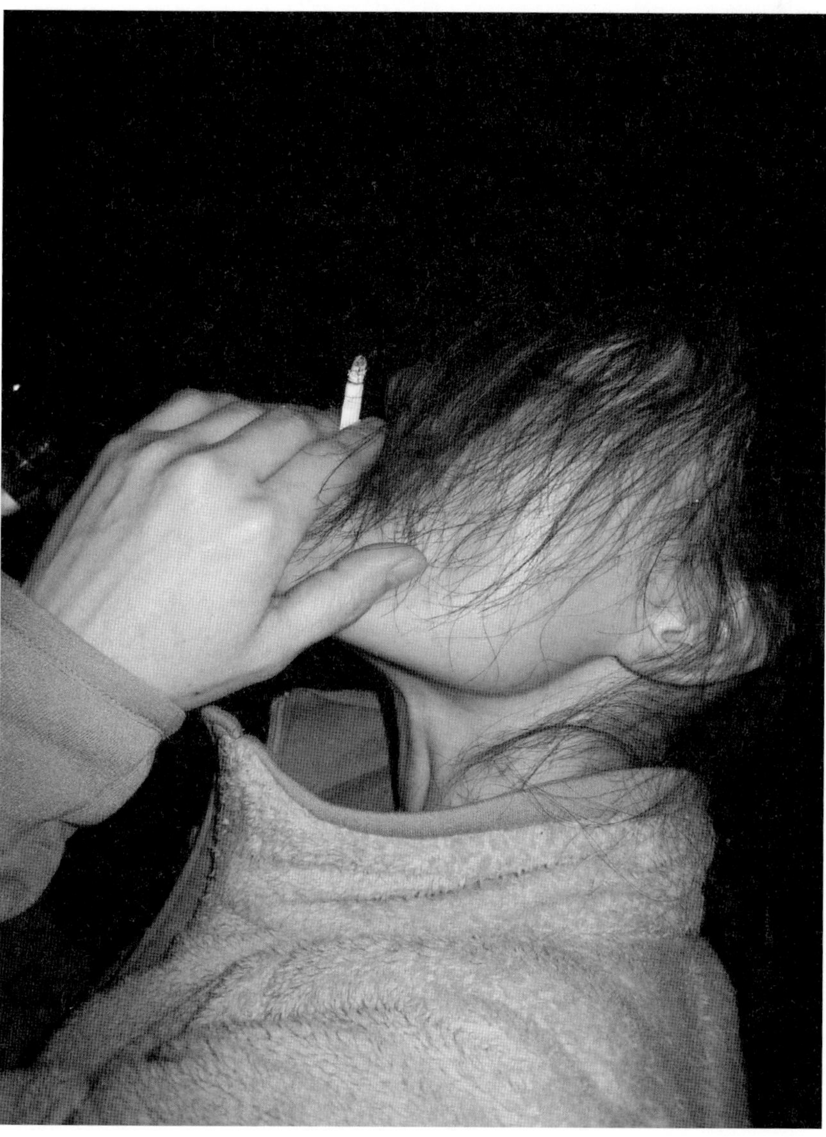

아가라 하시지 그랬어요. 죽어 저승 가서도 속 편할 날 없게 만드는 놈이 바로 그놈이니 그쪽으로 떠나보내시면 한결 편해질 거요.

– …….

– 마음 편해지는 법 가르쳐 드릴까요? 마음을 태워 없애면 됩니다. 지금 그대가 태우는 그 담배처럼 그렇게 다 태워버리면 됩니다.

여인의 술잔엔 사랑도 넘치고 이별도 넘쳐 엮어내는 사연 또한 어찌나 푸지던지 가시 같은 눈물향만 애절하더라.

| two |

마음이여
마음이여

청허산방 다각에 마음을 열 수 있는 차벗이 찾아 들면, 이런 글귀가 박힌 다포를 펼쳐놓고 산차 한 잔 음미한다.

'텅 비어 있으면 남에게는 아름답고 나에게는 고요합니다'

산차 꽃차 다 마시고 나면 곡차와 커피차를 마시고 마지막엔 마차 까지 두루 코스를 거쳐 마시고 난 뒤의 표정들은 무심해진다.

– 자야. 요즘 좋은 희망이나 꿈같은 거 있나?

– 예. 시님 많아요.

– 뭔데?

– 말해도 돼요?

– 그래 괜찮다. 말해봐라.

– 호스트바에 꼭 한 번 가보고 싶어요. 특히 12월 달엔 나이트클럽에도 두 번 가보고 싶어요. 그리고 호빠는 비싼 가격대라 일단 호빠계를 들어 나중에 가고 노래방에 가서 남자 도우미 한 번 불러 보는 게 소원이에요.

– 허허, 그게 소원인가?

– 예. 그리고 나이트는 발 끊은 지가 좀 돼서 감이 떨어졌을 것 같은데 시님 저 정말 잘 놀아요. 가면 땀이 삐질 삐질 머리칼에서 흘러내릴 때 까지 죽어라 놀거든요. 그러다 보면 너무 잘 논다고 남자들의 맥주 서비스가 테이블에 줄을 서요.

– 고작 그 정도인가?

– 아뇨, 또 하나 있어요.

– 뭔데?

– 김명민이랑 꼭 한번 자 보고 싶어요.

– 김명민이가 누군데?

– 불멸의 이순신에 나온 배우죠.

- 옆에 일해 보살님 소원은 뭐요?
- 전, 김남길 팬클럽의 열혈 팬인데요. 남길이 개 한번 안아 보고 싶어요.

내 인상이 지랄같이 일그러지고 내 입에서 어떤 폭탄이 터져 한방에 갈지 몰라선지 두 여인네의 인상들이 좀 불안했다. 세상이 그런데 내가 이해하고 내가 저 분들의 염원을 이룰 수 있게 기도해 줘야지.

찻주전자도 속이 탔던지 담배 한 가치를 물고 필터는 다 젖어 있더라. 나는 두 분 보살님의 소원이 하루 빨리 이루어 질 수 있게 내 정성과 기원이 담긴 멧돼지 뼈로 만든 목걸이를 하나씩 목에 걸어 드렸다.

- 자야, 네는 명민이랑 푹 자고 일해 보살님도 남길이 뜨겁게 안아 보길 이 스님이 간절히 기원하는 바다. 나무마하반야바라밀.

| three |

이월의 밸런타인

기다리다 보면 원하든 원하지 않튼 일 년 전 그 자리로 돌아 올 수밖에 없다. 어제만 해도 스산하게 귓전을 윙윙거리던 바람들이 어디로 사라졌는지 오랜만에 꼭 산새 깃털 같이 따사로운 하루였다. 지난겨울 얼마나 추운 겨울을 보냈는지 아직도 얼음덩이들이 지리산을 누르고 있다. 따사로운 햇살이 창문에 내려앉을 무렵, 남한산성 밑에 사는 어느 간 큰 여자의 목소리를 듣게 되었다.

– 시님, 제가 어제 밸런타인 21년산을 통째로 둘러 마시고 일월과 작별을 했어요.

대체 밸런타인 21년산 이라는 게 뭔지 난 알지도 모르면서 그랬냐고 대꾸만 했었다. 그리고 동료 기자랑 소 창자를 구워 소주도 한잔 걸치고 노래방인가를 간 모양이던데 두 여자가 일월의 망월식忘月式을 걸차게 했던 모양이다.

– 시님, 원래 호빵 시할아버지쯤 되는 제 얼굴이 팅팅 불어 오늘 아침에는 우리 집 거울이 모자라서 옆집 거울까지 빌리다가 얼굴을 쳐다봤어요.

– 아이고, 그랬소?

– 시님 얼굴이 와 이리 붓는지 모르겠네요.

– 서양놈 먹는 양주랑 조선놈 마시는 소주랑 섞어서 동서양을 만나게 하니 격랑이 일었지요? 그 격랑을 타고 노래방에서 분명 발광을 했지 싶소. 그러니 얼굴이 옆집 거울로 달려갈 만큼 부풀어 오르지 않았겠소?

어줍잖은 중년이 얼마나 외로웠음 밸런타인이랑 소주를 짬뽕으로 둘러 마셨겠나. 찰떡같이 살아도 서러울 인생 호빵같이 보냈으니 지리산 깊은 산암에 살고 있는 나한테 위로의 법문이라도 듣고 싶었던 모양이다. 외로운 인생이야기 들어만 줘도 법문이라는 걸 그도 잘 알고 있을 게다. 호빵이 되었든 찰떡이 되었든 모든 것은 다 지나가는 법이지.

전화기 너머의 하소연을 들어주고 점심 공양 때가 되어 어제 했는지 그제 했는지 모를 제조일자 미상의 밥을 한 공기 대충 닦아 먹고 산으로 올랐다. 깊은 골 깊은 숲으로 갔다. 나도 그들처럼 발광 좀 해 보려고 바람과 한바탕 뒹굴며 온몸을 풀고 나니 목이 다 껄껄해 왔다. 동자삼 엑기스라 해도 손색없을 만큼 약성이 탁월한 청계 계곡의 돌 틈 약수를 들이마셨다. 의성醫聖 허준 영감님도 이 물에 반했다는 전설의 물이라서 그런지 다리에 힘이 올라 얼음 바닥에도 미끄러지지 않고 다시 산을 올랐다.

지리산의 향기는 밸런타인보다 좋고 소주보다도 좋다. 지난겨울 떨어진 낙엽 사이로 새싹이 봄 처녀처럼 살며시 돋아나고 있다. 봄이 오니 좋다. 봄 처녀가 지리산 자락을 밟고 살며시 오시니 이보다 더 좋을 수 있을까. 내려오던 길 지극한 마음으로 산돌을 주워 공덕 탑을 쌓았다. 밸런타인 같은 사람이 사는 세상도 소주 같은 사람이 사는 세상도 모두 다 극락처럼 평화롭고 환희롭기를 두 손 모아 기원했다.

| four |

석가모니표 사랑

단 하루라도 편지를 쓰지 않으면 잠을 이룰 수 없던 때가 있었습니다. 친구들에게 전화를 해서 주소를 알아내 가며 단 하루도 거르지 않고 편지를 썼었지요. 어떤 밤에는 두 통, 어떤 밤에는 세 통. 다음 날 빨간 우체통 앞에 서있을 나를 생각하며 행복한 잠을 이루던 그때……. 어제 난 수 십년 만에 손편지를 썼습니다. 홍일 시님께 썼습니다. 굴러다니는 연습장에 정성도 없고 내용은 엉망이고 글씨도 엉망이고, 하지만 많은 시간, 내 마음속에 있는 이야기 중 제일 진실된 말들만 옮겨 적었지요. 그리고 부우욱 찢어 보냈습니다.

오늘 난 수 십년 만에 편지를 받았습니다. 자야에게서 받았습니다. 굴러다니는 연습장도 아니었고 내용은 소중하고 글씨체 단정한, 그리고 마음속에 있는 진실된 이야기 중 더욱 진실된 말들만 옮겨진 마음을 받았습니다. 편지를 전하자는 약속 한 마디 없었지만 우연스레 마음 전해진 듯 한 날 동시에 손편지를 받았습니다.

청허산방에 부는 바람결……. 여자 같고, 소녀 같으며, 때론 친구 같은 자야를 생각하며 내 작은 마음을 담아 답신을 보냈습니다. 잠 오지 않는 밤 따뜻하게 차 끓여 음미하고 편한 잠 이루라는 염려 담긴 편지글과 함께 홍일시님표 감국차를 담았습니다.

혈압 당뇨에 최고의 효과가 있다는 홍일시님표 뽕잎 산상차와 함께 따라 온 홍일시님표 차스푼 까지……. 지난번 방문 했을 때 챙겨주신 구절꽃차와 산초차도 열심히 마시며 요즘 산차향의 매력에 빠져 있는데 불면증에 고생 한다는 걸 아시고 불면증 치료에 최상인 감국차 보내주신다 하여 조만간 한 번 찾아뵙고 받아올게요 라고 했건만 그 사이 불면증 더 심해지면 안 된다 하시며 바쁜 시간 쪼개가며 굳이 보내주심을 어떤 감사함으로 보답해야 할런지. 나 오늘밤 감국차 따뜻하게 끓여 마시고 편하고 고운 밤 이루게 되면 그것 또한 감사함에 대한 보답이 될는지. 내 고운 밤 꿈 속. 청허산방으로 부는 바람결에 내 마음 담아 홀로 지키는 어둠 속의 외로움을 함께 나눠주면 될는지…….

자야, 너의 여린 마음 그리고 너의 정 깊은 슬픔 그것이 고스란히 묻어나는 편지 글 받고 머리 깎은 이후 처음으로 가슴이란 게 뭉클해졌고 잠시 후 억장이 무너지는 듯 맘은 마른 사막 같았다. 또한 밤새 눈 감지 못했다.

자야, 너와 나를 굳이 해석 삼아 풀이 하면 속세의 연이고 깊은 선근의 매듭이지. 세상은 의미 없는 것들이 허다하다. 의미를 부여하는 순간부터 의미는 의미를 잃어버리게 되는 것이란다. 난 심심산골 무언의 행으로 여기 와 무언의 행으로 살고 있다. 머무름도 없고 흐름도 없다. 속세의 간절함이나 수행의 깨달음이나 종이 한 장 차이라는 걸 네는 알까.

자야, 지리산 덕산 덕천서원 옆엔 은행나무에서 떨어진 은행 알이 있더라. 같은 줄기에 다 같은 젖줄로 자랐건만 어떤 녀석은 운 좋게 짝 찾아 참 둘이 정답게도 은행잎 에이스 침대에 누워 열락을 즐기고 있단다. 뭔 박복함인지 또 한 녀석은 홀로 맨 바닥에 드러누워 신세타령에다 팔자소관만 탓하고 있네. 하나를 가지고 열을 헤아린다면 세상에서는 천재라고 칭송하지. 하지만 산자락 수행자는 둘 다 똑 같다는 걸 깨우치기 위해 오늘도 내일도 변함없음을 자신에게 권하며 그리 산다네. 떨어져 있건 붙어 있건 무슨 상관이랴. 뽀뽀 좀 덜하고 잠자리 조금 덜하면 어디가 닳아 없어지나. 늘 새롭고 늘 청신함으로 가슴엔 붉은 용트림이 솟아나는 법이야 나도 많이 보고 싶고 하루에도 만 번쯤은 그립단다.

자야, 빨리 와서 군불도 좀 때 주고 국수도 삶아 주면 얼마나 좋을까. 덕천서원 뜰을 밟을 때 마다 나는 사뭇 발걸음과 내 처신머리가 부끄럽다. 그토록 외우고 암기한 모든 경전과 수행의 결론이 이 말 한 마디로 요약되어 딱 하니 걸려 있으니 내 자신 아니 부끄럽겠는가. 과연 내 마음은 세심을 위해 얼마나 몸부림치며 세심의 발치 밑이나 가 봤는지 지리산 천왕봉을 바라보며 하도 허심하여 오늘 또 이렇게 세심정에서 한방 맞고 간다.

지리산 세심정에 오면 맑은 마음 향내 나는 시심이 우러나 고매한 인격의 터전이 나날이 비옥해져도 될까 말까 하는 판국에 나는 왜 이럴까. 여기에 턱 하니 앉으면 한복 입은 고운 기생의 연회잔치상이 떠오르니 내가 봐도 참으로 한심하다.

자야, 난 지금 이렇게 앉아 청허산방21년산 지리산위스키를 언더락으로 한 잔 들이키고 있다. 숨 속 어느 언저리가 싸하게 울려 퍼진다.

안주는 구절초 향 가득 한 잔이다. 좀 부족하다 싶은데 얼음이 없다. 그래서 스트레이트로 한 잔 더 마신다. 씁쓸한 지리산위스키에 더해 씁쓸한 구절초 향으로 달래본다. 여기서 그만 멈춰야지. 하지만 지금은 내 맘 아닌 이미 내 목구멍을 향해 쳐들어 간 위스키의 마음인 것을. 현관 앞 풍경은 오늘따라 유난스럽도록 지랄맞게 울어댄다. 이리 혼자 꼴깍꼴깍 마시니 울렁울렁 기분 하나 좋을시고…….

자야, 네가 얼마나 마음이 괴롭고 속상하는 일이 있었으면 그랬겠나. 내 다 이해한다. 자야, 사랑이란 것도 일종의 수행이다. 노력하고 정진하지 않으면 녹이 슬어 유지하기 젤로 어려운 게 바로 사랑이지. 매일매일 백팔배 하듯 상대에게 신경을 써 주지 않으면 바로 대낮부터 낮술상을 차리게 되는 거야.

자야, 어느 놈한테 배신 보다 더 무서운 비신 당했나. 네가 대낮부터 위스킨가 브윈스킨가를 마신다는데 이 시님 맴이 흡족할 수 있었겠어. 또 행여 한 잔 마시고 무림계 고수로 착각하고 팔목에 낙서나 하지 않을까 우려스럽고 심장이 발랑거려 하루 종일 일 많은 이 시님이 일이 손에 잡힐 리 있었겠나. 바람만 불어도 간이 철렁거려 하루가 애달았다.

자야, 모든 건 내 잘못이다. 자야, 부디 이 시님을 용서하고 맘 달리 먹지 말고 시님 곁으로 오너라. 지금 가만히 생각해 보니 내가 참으로 뺏대기 기름 찬 놈이라 여겨진다. 각성하마. 어부바 하고 징검다리 한 번 건너 주라는 것도, 달밤에 등산 가자는 것도 다 생략했으니 내가 미치고 걸친 놈이 맞다. 이젠 안 그럴게. 업어 주라면 달랑 업어 저 돌 징검다리 백번이라도 건너 줄 것이다. 어쨌든 마음 달리 안 묵었으면 이

시님 소원이 없겠다.

그라고 이런 말은 되도록이면 안 쓸라고 했는데 이왕 이리 된 거 이런들 어떠리오 저런들 어떠리오 이런 심정으로 한 마디 쓸게. 내 평생 네 기쁨조로 살끄마. 마아 그리 맘먹고 보니 속은 편타.

자야, 나도 잘은 모르지만 그 사람을 위해 죽을 수 있다는 건 오기일 뿐 그 사람을 진정 살릴 수 있는 게 참된 사랑이라 하더라. 내가 너를 네가 나를 살리는 게 바로 석가모니표 사랑이다. 어쨌든지 그리 좋은 술 있걸랑 산방으로 모셔 와라. 네랑 내랑 똑 같이 갈라 묵자. 자야, 두서없이 몇 자 적다 보니 횡설수설 아닌가 모르겠다. 아무튼 자야, 널 억수로 사랑한다는 것만 알아 줘라. 오늘은 여기서 이만 줄인다.

| five |

한 줌 재

– 인자 한줌 재 되는기 소원인 기라요. 딱 보고 드러누워 고대로 갔으면 싶소. 시님, 난 죽으모 다시는 안 태어날라요.

– 보살님, 그기 입맛대로 되겠십니꺼.

– 아! 그란데 시님은 어느 절에 계시예?

– 오다가다 머무는 데가 다 제 절 아입니꺼.

– 나도 봄이면 매화 가실이면 국화 못지않았는데 와이리 늙었노 와이리 늙었노 오매야.

그해 가을, 국화향이 짙어 하늘이 그리도 파랬는지 귓전을 울리는 노보살의 한마디가 아직도 선명하다.

– 다 쪼고라들고 늙는다 하모 꽃 같은 너그들은 내 맹키로 안 될 줄 아나. 지금이 곱다 곱다 하고 잘 살아라. 늙어 후회 말고……. 젊은 기 부럽다

나랑 동행했던 두 분 젊은 보살님들 들으라고 일부러 이 말을 한 듯 싶었다. 그때가 어느 해 가을이었다.

|six|

첫눈

지리산에 첫눈이 왔다. 어제부터 바람도 구름도 갈피를 못 잡더니 오늘 산방에도 싸락눈이 날렸다. 나는 미스 윤에게 보낼 차를 우체국에 배달하고 산적한 나의 하루업무를 팽개친 채 중산리로 날았다. 첫눈이 왔다는데……. 정말이지 첫눈 내리는 날 손톱에 봉숭아색 빼끼칠이라도 하고 외출하고 싶었는데…….

첫눈아, 왜 연락도 기별도 없이 내렸단 말이냐. 어젯밤부터 산방 뒷산에서 여우 울음같이 바람 소리가 잠자릴 헝클어 놓더니만 흰 고깔 쓴 천왕봉을 오르려 했더니 꽉 찬 구름으로 시야를 모두 가려버렸다. 그래서 거림골로 발을 옮겨 길상선원을 들러 산중한담을 나누다가 다시 나의 또 다른 놀이터에서 한적한 시간을 즐겨 본다.

산으로 들로 돌아다니는 즐거움은 도대체 어디서 온 것일까. 나의 이런 짚새기 철학을 어떻게 치유 할 수 있을까? 혼자 어슬렁거리며 가고 싶은 곳엘 꼭 가봐야 하는 역마니즘은 나만의 행복이고 즐거움이며 내가 사는 방법이기도 하다.

바람은 나의 벗이요. 구름은 나의 애인이다. 산은 어머니이며 길은 아버지다. 이 골짝에서 계절이 바뀌고 저 골짝에서 한해가 저문다. 나는 이 자유로움으로 저 산을 넘고 저 우주를 건너고 싶다. 그리하여 저 우주너머로 자유롭게 사라져 버린다면 그보다 더 행복할 수 있을까. 이런 생각을 하면서 오늘도 이 골짝을 찾아드니 자연은 형용하기 어려운 만물을 지어 놨더라. 이 골짝을 자주 찾는 남정네들이 많다는데 그 이유가 뭘까? 곰곰이 생각해 봤는데 어릴 적 많이 봤던 그 뭐라더라? 용어상 민망하여 표현키 어려운 그 뭐라더라 성씨는 유고 이름은 방이라고 하는 바위가 두 개 있더라. 한데 모아 발음하면 유방석인데 이곳 방언으로 젖바우라고 하더라.

옛날에 젖이 모자라는 여인네들이 이곳에 와서 싹싹 빌면 젖이 수도꼭지처럼 줄줄 나온다더라. 특히 요즘은 가슴 밋밋한 여자들이 많이 와서 기도하는데 세 번만 촛불 켜고 기도 하면 왕가슴 된다는 소문 때문인지 떼거리로 온다더라.

난 그 소리 듣고 배 째지게 웃었다. 아마도 성형이 더 빠르지 않을까 하는 생각도 들더라. 민망한 젖바우를 돌아보고 폭포수가 쏟아지는 용담으로 갔다. 물의 세월은 익을 대로 익어 더 이상 나가지 못하고 폭포수 소용돌이 속에 박혀 빙빙 돌고만 있더라. 그러고 보니 오늘 하루 종일 삼킨 게 없네. 이러다가 다가오는 빼빼로데이 날 그랑프리 타는 거 아인가 모르겠다. 홍일주도 다 폭락돼 파산 직전인데 빼빼로데이를 디데이로 잡아 나를 경매로 내 놓을까. 높은 가격에 낙찰 되도록 좀 비싸게 금을 매겨 놓아도 될 것이다. 온 산악을 흔들고 다니며 산삼 녹은 물과 희귀한 약초를 많이 캐 먹었으니 현대 의학도 파악하지 못하는 각종 성분이 왕창 농축된 몸뚱아리가 되어있을테니 말이다.

첫눈 오는 날, 흰 고깔 쓴 천왕봉을 바라보며 오르지 못한 심사를 삭이느라 나의 역마니즘의 변만 늘어놓았다.

| seven |

고액과외강사

제법 쌀쌀해진 산속의 밤은 지극히 고요하다. 먹물 같은 어둠이 초롱한 별빛 곁에서 보초를 서고 있고 초승달은 일본칼이 연상 될 만큼 날카롭다. 적막과 마주한 시간의 산자락이 전부 제 터전인 듯 붉고 푸른 가을밤은 깊고 깊어만 간다.

코튼 빌리지 같은 지리산 산청엔 목화가 피고 건조한 햇살에 푸석해진 얼굴엔 각질도 피어오르는 요즘 녹슨 철탑처럼 홀로 비린 시간이 지나고 있다. 가을비라도 한 바가지 퍼 부어 주었으면 좋으련만 바람만 불고 비는 내리질 않는다.

기분도 그러하고 있던 차 물 한 방울 새지 않을 벗님으로부터 따르릉 전화가 왔다. 간밤, 그 벗님에게 강도 높은 교습을 받았다. 그간 나의 만행들을 조목조목 열거하며 따지고 말끝마다 '야, 이 자식아'를 상투적으로 쓰면서 '너 내가 그리도 말랑말랑하게 보이냐? 나 말이야 비싼 사람이야. 너 말이야 자식아 날 우습게보나 본데 나 우스운 사람 아니야. 너 고액이 뭔지 알아? 나 고액강사란 말이야 자식아' 하면서 엎드려뻗쳐 좌로 굴러 우로 굴러……. 군기를 딱 잡는다.

쫄딱, 서너 시간을 강제로 교육 받았다. 더덕주를 마셨다고 한다. 더덕주, 그거 함부로 많이 마시면 간이 붓게 마련인데 이미 용량 초과로 고액강사님은 혀가 다 꼬꾸라져 정말 생 코미디가 따로 없었다. 연예계로 진출 하셨음 대성하고도 남을 그 좋은 재주로 고액강사는 왜 하시는지…….

하여간 오랜만에 재미난 가을밤 핸드폰 토크쇼였다. 그 고액강사 양

반 소주만 마시면 주책이라고 본인이 얘기하는데 그 좋은 더덕주 마시고 양기가 입으로 올랐던 것인지 약발이 제대로 방향을 못 찾은 건지……. 저번에도 주책 떨다가 쥐구멍 찾고 난리 핀 적이 있는데 그 놈의 소주만 들어가면 저러시니 속 넓은 내가 웃고 말아야지 무슨 재주가 있을까. 술벗이 없어 외로웠던지 잠벗이 그리웠는지…….

새벽 두시까지 까고 떠들고 볶고 하더니 전화가 뚝 끊어졌다. 배터리가 다 된 것 같은데 술에 절어 스페어 배터리 교환이 안 된 것이겠지. 보나마나 해롱해롱해져 배터리를 요리 끼워야 하나 저리 끼워야 하나 한참 핸드폰이랑 실랑이 하다 폰 집어 던져두고 쫙 뻗었을 것이다.

가을밤, 아마도 옴팡 외로웠던가 보다. '야 자식아 넌 좋겠다. 외롭지도 않고……. 야이 자식아' '그래 나 외로워 죽겠어. 야 인마 망할 놈의 누가 할 소릴 네가 하고 자빠졌냐? 네는 짝이 있잖아 네 짝 하고 함께 퍼 마시지 왜 나한테 화풀이냐 아니 무식하게 단감을 안주로 더덕주 먹는 놈이 어디 있냐. 그러니 팍 취하지.'

사실, 내가 그를 평소 조금 깐 건 사실이다. 하지만 그렇다고 지가 한잔 퍼먹고 무지막지하게 공격할 줄은 몰랐다. 그것도 비열하게 야밤에 덤벼드는 건 뭐야. 전에도 한판 싸우고 밀실의 진중한 화해를 했는데 평화협정을 또 파기해? 정말 나도 이젠 군비 확장을 준비해 둬야겠다는 생각이 들었다. 대포동 같은 똥포라도 몇 개 세워 둬야지 원…….

그 다음날 아침에 전화가 딩동 하고 왔다. 간밤에 아무런 것도 기억이 나지 않는다며 탐색전을 펼친다. 내 입에서 무슨 말이 나올지 초긴장 했을 거라 짐작은 한다. 조용히 침묵을 삼키다가 한마디 했다.

'고액강사, 나 말이야 지금 교육청에 신고하러 가는 길이다. 너 고액강사라며 그거 불법 아이가? 내 말이다 너 직빵으로 고발 헐란다!'

고액강사가 마신 문제의 더덕주. 이거 마시고 학생들에게 열강 하시라 드렸더니 왜 나한테 열강 한다고 난리여 약발 받긴 받은 거 같은데 양기가 반대로 가버렸어. 입으로 양기가 다 올랐는가 보다.

요즘 고액강사는 어찌 지내는지 저 사건이 작년 이맘땐데 연락 두절된 지가 꽤나 오래다. 학원에서 잘린 건 아닌지 그와의 인연이 하도 쓰고 해서 오늘 감국차를 유리 다관에 띄워 두고 멍하니 쳐다보며 그를 기억해 봤다. 감국차를 마시고 다시 서리 맞은 뽕잎차를 듬뿍 넣고 한 사발 둘러 마셨다.

고액강사는 이 가을 잘 지내는지!

| eight |

천년의 사랑

천년의 사랑이라고……. 웃기는 소릴 왜 허냐? 그래, 천년이고 만년이고 그게 뭔데 한번 읊어 봐라.

이대로 널 보낼 수는 없다고 밤을 새워 간절히 기도 했지만 더 이상 널 사랑할 수 없다면 차라리 나도 데려가. 내 마지막 소원은 하늘이 끝내 모른 척 저버린 데도 불꽃처럼 꺼지지 않는 사랑으로 영원히 넌 내 가슴속에 타오를 테니 나를 위해서 눈물도 참아야했던 그 동안에 넌 얼마나 힘이 들었니. 천년이 가도 난 너를 잊을 수 없어 사랑했기 때문에 내 마지막 소원을 하늘이 끝내 모른 척 저버린 데도 불꽃처럼 꺼지지 않는 사랑으로 영원히 넌 내 가슴속에 타오를 테니 나를 위해서 눈물도 참아야 했던 그 동안에 넌 얼마나 힘이 들었니. 천년이 가도 난 너를 잊을 수 없어 사랑했기 때문에 너를 위해서 눈물도 참아야했던 그 동안에 넌 얼마나 힘이 들었니. 천년이 가도 난 너를 잊을 수 없어 사랑했기 때문에 사랑했기 때문에.

천년의 사랑이라고 박완규라는 가수가 이렇게 노래했단다. 사랑은 뭔 사랑! 사랑 앞에 용기 있게 진실해라. 사랑 앞에 희생하라. 그러면 후회하지 않으리. 천년이고 만년이고 사랑하고 싶걸랑 그리 해야 한

다. 말의 성찬은 말로써 끝나는 법이야. 언과 행이 똑바를 때 사랑도 예쁜 꽃가마 타고 온다지.

사랑! 모르고 사는 게 약이야. 지리산엔 물봉선화가 흐드러지게 피고 진다. 꽃구경이 아마도 사랑보다 낫지 않을까 싶다.

| nine |

인생설명서

파랗게 질린 하늘로 내 입김을 쏘아 올린다. 헤아릴 수 없는 결정의 파편이 튄다. 각자 인연의 흐름 따라 제 갈 길 떠나겠지. 11월의 기분들이 수수하다. 바람은 아직도 마음을 잡지 못했는지 거리를 헤매고 나는 나대로 그러한 시간 속에 감싸여 있다.

대체 산다는 게 뭐란 말인가? 알 수 없다. 허기진 정신의 궁금증도 이젠 지쳐버려 조락이다. 사람이 사람을 왜 관찰할까. 사람이 사람을 판단할 수 있단 말인가.

지인이 내게 부탁을 한다. 아는 후배 하나가 시집간다고 맞선을 봤는데 여기 저기 가서 물어봤나 보다. 궁합이 맞을런가. 안 맞을런가. 네 군델 갔는데 두 군데선 안 맞는다 하고 또 다른 두 군데선 맞는다 한다고 한다. 오십대 오십이라. 맘이 싱숭생숭거려 선배에게 부탁했단다. 그래서 시님이 좀 봐 주면 안 되겠느냐고.

봐 주긴 주지. 내한테 전화 하라캐라. 그래서 따르릉 전화가 왔더라. 초면 인사 나누고 요런 조런 인간 바코드 사주팔자 여덟 글자를 각각 받았다. 즉석에서 팍 풀어 놓고 뭐가 궁금한지 물어보라 했다.

– 시님, 잘 맞겠습니까?

– 껍데기로는 맞겠는데 속 알맹이는 나도 모르것다. 둘이 한번 자 봐라. 그게 젤로 확실하다. 자 보고 안 맞으면 제치고 맞으면 땅기면 된다.

– 이 남자 사주 좋은 겁니까?

– 아주 좋지. 네 사주가 좋으면 이 남자 사주도 좋고 네 사주가 나쁘

면 이 남자 사주도 나쁘게 되지.

– 결혼해도 되겠습니까?

– 해라. 네가 좋으면……. 결혼은 천국임과 동시에 지옥 같은 곳이니 상황에 따라 이혼이란 극약을 항상 지참하고 해야 돼. 해도 그만 안 해도 그만인 것은 개인의 자유재량이다. 세상 살아가며 그놈이 꼭 필요할 것 같으면 하고 그다지 필요 사유가 없음 안 해도 무방하다. 근데 네 좋다고 굴러 들어온 호박덩인데 일단은 쪼개 죽 끓여 먹고 그때 가서 다시 판단하면 안 되것나.

사람의 바코드……. 너무 의지하지 마라. 아무도 모른다. 인간의 앞날을 인간이 헤아린다는 그 자체가 모순 아닐까. 그냥 내리고 비우며 무심 하면 그만인 것을 왜들 알고 싶어 하는 거야. 행복하고 싶어서 그러나 나도 그러고 싶다. 행복은 사주에서 찾는 게 아니라 바로 마음속에서 찾아내는 거야.

상담 후 지인으로부터 이야기가 들려왔다. '선배님 뭔 그런 스님이 다 있어요? 이것도 좋다. 저것도 좋다. 그리고 선 본 사람이랑 자 봐야 한다고 절 더러 자 보라는 거예요. 전화 상담 하면서 창피해 죽을 뻔 했어요.' '너 스님께 상담료 드렸나?' '아뇨' '너 선 본 사람 맘에 들지' '예' '그럼 앞으로 안 자볼 자신 있어' '…….' '스님이 정확히 맞췄잖아. 넌 애가 왜 그러니 복전도 아니 들이밀고 고런 걸 보냐 말이야. 이 멍청아'라고 지인은 목소리를 높였단다. 지인이 후배 대신해서 복전 입금 시키겠다고 전화가 왔다. 막걸리 값 이하면 보내고 이상이면 네 살림에 보태 쓰라고 했다.

모든 인간은 딱 하나 정확하게 알고 있는 게 있다. 바로 죽음이다. 태어나면 죽는 것 그것 말고 더한 진리가 있겠는가. 인간 바코드로 인생을 미리 보겠다는 심사를 버리는 것이 행복의 지름길이다,

| ten |

백년해로

아랫동네 한 바퀴 산책하며 오랜만에 남사 예담촌에 들러 돌담을 거닐었다. 동네마다 회화나무를 깍지 끼듯 크로스로 심어 둔다면 사회문제가 되고 있는 이혼율을 좀 낮출 수 있을까?

금실 좋은 부부로 다시금 환생 한 것 같은 남사마을 회화 노거수. 찢어지려고 맘먹은 부부가 있다면 여기 한번 와 보고 결정 내려도 좋을 것 같은데 열정이 솟구쳐 너 없음 죽니 사니 할 때가 어제였나 그제였나. 애 놓고 십 년 이십 년 지나보면 서방은 앞대가리가 훌렁 까지고 똥배가 뿔뚝시리 나와 총각 때와는 달리 스타일 자체가 달라지게 되지. 마누라 또한 몸매는 펑퍼짐하고 가슴이 어디고 허리가 어딘지 경계선이 불분명해지게 되는데 그게 다 누구 책임이리? 둘 다 제 것 관리 못한 연대책임이지.

그때가 좋았는데 너 없음 나 죽어 할 때 말이야. 근데 요즘 들어 상대와 통하는 딱 한 가지 입맛이 있는데 뭔 줄 아시나. 너만 없으면 세상 살맛 되살아나는 것이지. 좋아는 안 하더라도 싫어는 마라. 더 더구나 미워는 꿈에서조차 하지 마라. 나중에 아주 크게 후회하게 되니 식었더라도 살살 데워가며 살아.

산다는 거 다 그렇고 그런 것이야. 그냥 있는 거에 만족하고 잘 관리하며 사는 게 지혜고 득도란 말이지. 쫀득한 부부로 살려거든 항상 희생과 노력을 게을리 해선 안 돼.

지리산 마을 돌담 아래 회화나무가 말하고 있잖아. 사랑하며 살다보니 두 몸이 한 몸으로 딱 붙어서 더 사랑하게 되었다고……. 인생 뭐 별거 있나 하고 찾아다니느라 시간낭비 하지 말고 저 나무들을 닮아 봐.

| eleven |

애인구함

석분 깔린 뜰을 사각사각 밟고 가는 발걸음. 그 발걸음 스치는 소리조차도 쩡쩡 울릴 만치 고요했다. 단정히 정좌한 승방에 사람소리가 들린다.

찻물 따르는 소리도 옥구슬처럼 고왔다. 오랜만에 느껴보는 사람의 체취 그리고 여인의 화장 내음과 해사시한 미소. 겨울 산중에서 마주하는 아주 귀하고 반가운 정경이지. 산방의 정적을 깨고 혜연 보살이 대뜸 이런다.

- 스님, 올해는 애인 하나 생기게 해 주세요.

- 머시마를 내한테 언제 맡겨 놨더냐. 이 산중에 수놈이 어디 있다고 고런 부탁을 하냐. 중은 어떠노? 중은 쉽게 한 놈 구해 줄 수 있는데 하하하. 그나저나 저번에 사귀던 총각은 어디 두고 그러냐. 머리도 노랗게 염색하고 기생오라비 동생쯤 생겨먹어 데리고 다니기엔 그 머시마가 딱 안성맞춤이더마.

- 군에 입대 했습니다. 스님 그 애는 그냥 친구였고 이젠 신랑감 삼을 애인이 필요해요.

- 내가 그런 재주는 없고 한번 알아는 봐 주마. 조건은 키 크고 잘생기고 직업 좋고 집안 빵빵한 오염이 안 된 숫총각으로 한 번 구해보마

애인 생기게 해주세요
09.10.16

됐냐? 차 식는다. 어서 한잔 들어.

– 예, 근데 바람둥이 같이 안 생겼으면 좋겠어요.

– 허허, 그 정도면 다 바람둥이에 가깝지. 좋은 인물에다 직업까지 걸작이면 다른 여자들이 가만 두었겠나. 내 같아도 벌써 바람이 들어도 팔 구단쯤은 들었겠다. 그리고 넌 아직 몰라서 그렇지 남자가 말이다 바람끼가 쪼매 있어야 로맨틱하고 건강하다는 증거여. 인물 좋고 돈 많고 직업까지 좋은 놈이면 그놈도 미색 곱고 팔등신 쭉쭉빵빵에다 집안 학벌 별의별 조건을 다 들고 안 나오겠나.

요즘에는 사랑에 뭔 조건들이 그렇게 까다로운지 그냥 둘이 좋으면 붙어 살며 인생 살살 가꿔 가면 될 일을 이것저것 따져서 결혼하곤 나중에 안 좋은 꼴로 다 쪽박 신세 되더라. 마음이 통하고 뜻이 맞으면 그것이 알짜배기고 한평생 사는데 최고의 밑천인데 무슨 직업 학력 집안 타령인지 원……. 서로가 서로의 인생에 가장 필요한 존재가 되어주는 게 사랑이고 삶의 본질일 텐데 내 세우는 조건들이 너무나 많다.

사랑은 단순한 것이다. 그냥 이유 없이 조건 없이 그 사람이 좋다는 거 그것이 사랑인 것인데 자연스럽지 않고 너무나 인위적인 사랑을 우리가 하고 있지는 않은지. 이런 저런 생각에 입맛이 쓰게 느껴져 차 한잔 홀짝 마시며 쓴 자리를 살며시 지웠다

혜연아, 애인 하나 구해주마. 싱싱한 걸로……. 근데 이 산중에 낚시에 달 미끼가 없구나. 보리밥 달아 잉어 낚을 재주는 없고 미끼 좀 보내라. 한 마리 잡아 줄 테니.

| thirteen |

수능

내 영혼의 마리화나여, 숲으로 비껴드는 사양의 눈빛이 가물거린다. 말쑥하게 번져 가는 갈잎새의 작별 키스엔 촉촉한 눈물 자국이 스미고 지리산은 고요한 겨울 속으로 빠져 들고 있다.

영혼의 마리화나여, 넌 지금 어디를 향하고 있느냐. 산악이 백설로 물들 때 당나귀 타고 내게로 와라. 하얀 내 입김으로 네 영혼을 데워 주리.

이 숲 어딘가에 숨겨둔 가을 동화는 없을까. 혼자라는 것 고독이란 것 쓸쓸함이 낙엽처럼 뒹구는 날이다.

요즘, 고삼을 키우는 학부모의 맘이 어떨까. 속이 탈거야. 그놈의 대학이 뭣이기에……. 대학 고거이 별거 아니다. 나는 고등학굘 두 번 대학도 두 번 다녔다. 시험에 떨어져 본 적은 없다. 머리가 좋아서가 아니라 요령껏 살다 보니 아주 우수한 학생처럼 보였을 게다.

내 비법 한 개만 공개 하련다. 공부랑 싸움은 비슷한 개념이다. 떨어질 학교는 원서를 제출 안한다. 깨질 싸움은 절대 걸지 않는다. 난 지금껏 단 한 번도 떨어져 본 적 없고 단 한 번도 싸움에 깨져 본 적이 없다.

나의 최종학력은 대졸, 난 하버드를 졸업했다. 신정아씨만 아니었다면 나는 끝까지 하버드 졸업생으로 남을 수 있었는데……. 재작년 들통이 나서 하바드 앞에 꼭 인仁자를 넣어 발음해야 하는 꼴이 돼버렸지. 요렇게 인하仁荷버드.

그 후로 인仁자에 꼭 힘주어 말하는 버릇이 생겼어. 좌우간 나는 하버드를 졸업했다. 불행이도 인仁자 달린 하버드지만……. 언젠가 노스님이 내게 이러더라.

– 네가 하버든가 졸업한 홍일이가?

– 아임니더 인천에 있는 하버드 그 학꾜 졸업했습니더.

– 그가 뭐하는 학교고?

– 그냥 어진 연꽃이라고 그 학교에서 수행하다 여까지 오게 됐습니더.

– 응 그런 승가대도 있나 학교 이름 한 번 참 뉘가 지었는고 참허다. 응, 참해.

인생이란 아픔 시련 속에서 무르익고 성숙 하는 것이지. 여기 지리산 참나무 숲에는 제왕절개 안한 나무는 단 한그루도 없더이다.

맑은 공덕 신심을 다한 기도도 없이 좋은 대학만 가고 싶다고 떼를 쓴다고 될 일인가 적어도 고삼 수험생을 두었다면 온 정신을 다해 마음을 닦아야지. 세상에 공짜가 어디 있나.

아무튼 수험생들 모두 합격의 영광이 있길 석가 형님께 보고는 하겠다만 형님이 워낙 바쁘셔서 그 원을 다 들어 줄 수 있을란지는 미지수다.

합격 했다고 자만하지 말고 불합격 했다고 좌절치 않아야 한다. 모든 건 잠시 찰라 일 뿐이다. 대학에 목숨은 걸지 마라. 목숨 걸 일은 다른 곳에 있다. 삶이란 의미 속엔 숱한 형용사들이 서로 뒤엉켜 있는 것이다. 무심이 지극해지면 분열은 사라지는 법이다. 가보지 못한 그곳을 위해 그 누구나 열망한다.

이젠, 다 내려놓고 자신을 멈춰 세우고 신의 뜻에 따라 순응하자. 그대들에게 신의 가호가 있길 빌며 내 영혼의 마리화나를 건네 드린다. 자, 받아라.

| fourteen |

동심 빙수

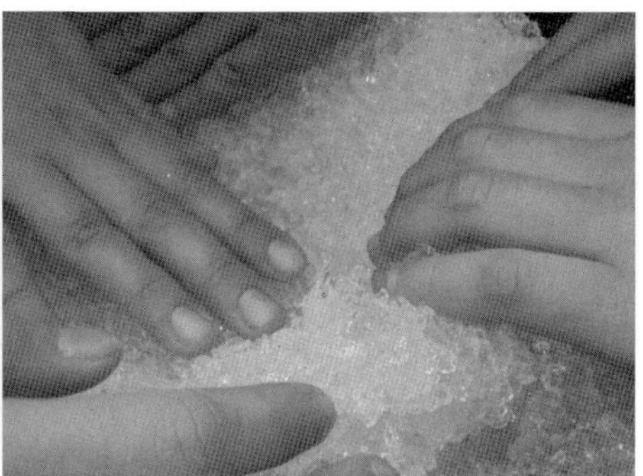

지리산에는 때 아니게 봄비 같은 겨울비가 산악을 적시고 꽁꽁 언 강심江心의 품을 스미며 여민 내 옷깃에도 살뜰한 향내를 전해주고 갔다.

법륜암으로 가는 길. 구름 아래 강바람만 솔솔거리며 심심한 겨울을 지키고 있었지. 이 길을 걸어가며 하심으로 구업 짓지 말자고 다짐했는데 고심 끝에 쌍검에 날을 갈고 화살에 독침을 발라 구업의 탑에 돌 한 개만 더 쌓아보려 함이야

근도자近道者 간언簡言이라 했지만 이 순간 근도자가 아니라 근속자近俗者로서 몇 마디 지껄이고 싶어진다.

자신이 한 행동과 말을 돌아보지 않고 제 위주대로 사는 사람이 어디

한둘이랴. 남을 탓하지 말거라. 지극히 그대 삶의 방식을 그대로 자연스럽게 살면 된다. 바로 그리 살면 그게 '도'인 게야.

스스로 투명하면 그만이다. 깔끔하면 된 거야. 단순하고 또 단순하게 살면 아무 거리낌이 없는 법이다. 여기 저기 기웃거리지 말고 자신에게 충실하면 된다. 그리 살면 그름도 없고 옳음도 없다. 마음이 마음에게 물어보면 답이 나온다. 그러니 마음을 들어다 보는 시간을 많이 가져야 한다.

세상엔, 진실도 진리도 없다네. 선도 악도 없지. 옳고 그름도 없고 흑도 없고 백도 없어. 그 무엇도 본질이 아니란 말이야. 다만 마음속에 있는 것들을 뒤집어 털어내 봐 그럼 찾는 답이 나올 거야. 자기가 자기를 볼 수 없어서 모르고 있었던 것뿐이야. 그러니 모든 질문도 모든 해답도 다 자기 안에 있는 거야. 마음의 눈이 반짝 반짝 빛나야 세상이 보인다네.

내 헛소리를 아침 해장꺼리로 홀짝 들러마시지 말고 시간을 두고두고 음미해 봐. 그대 정신의 골수에 활력제가 될 것이야.

오늘은 어린 꼬마 공주님들이 시님이 좋은 법문 들려줬다고 자연산 빙수를 만들어주었다. 고사리손으로 얼어붙은 강의 얼음을 긁어서 손바닥 한 가득 자연빙수를 만들어 주네. 이런 정성을 다해주니 그래도 중하는 보람은 있어. 꼬마 보살님들 부지런히 마음 닦아 좋은 딸, 좋은 아내, 좋은 엄마 되시게…….

| fifteen |

완전한 소유

어찌하면 완전한 소유가 되냐고 물어온다. 앙탈 짓는 마음을 내려 놓으라고 했다. 마음 그릇에 담긴 욕심과 근심을 쏟아버리고 미소만 가득 채워 놓으면 완전한 소유가 된다고 했다.

마음에 해우소 한 채씩 지어놓고 가질 것이 혹은 소유하고픈 것들이 있을 때, 또는 내 맘대로 되지 않는 일들이 나를 괴롭힐 때 마음속 해우소로 가라. 거기에 푹 눌러 앉아 다스리고 다스리다 보면 세상 먼지 얼룩이 빠져 뽀얀 빛이 날 때까지 기다리는 힘이 생겨난다.

하지만 안타깝다. 마음의 해우소는 살 수도 없고 얻을 수도 없고 누가 지어줄 수도 없는 그런 것이니 이 일을 어떡하랴. 오직 그대 자신만이 설계자가 되고 시공자가 되어 자립으로 지어야 하니 완전한 소유를 꿈꾸는 자 명심해야 한다.

세상의 주인은 없다. 모두가 주인이다. 가지고 싶은 만큼 가지면 되고 소유하고 싶은 만큼 소유하면 될 일이다. 세상사 마음먹은 대로 되는 일은 뭣이며 또한 마음먹은 대로 안 되는 건 뭣인가. 몸과 마음의 자유부터 챙기고 그것을 자기 것으로 다스리고 부릴 줄 안 다음 완전한 소유를 꿈꾸자. 그러면 천하는 모두 내 것이다.

해질녘에 처사와 같이 강 노을을 보러갔다. 물속에 큰 바위 두 개가 나란히 앉아 있어 물었다.

– 처사, 저 물속 바위가 뭐로 보이나?

– 왕만두 같습니다.

– 처사, 지금 조금 시장 하신가봐.

– 예 조금 그렇습니다. 시님은 뭐같이 보이세요?

– 가슴떡

– 그게 뭔데요?

– 처사, 장가 안 갔나? 자네 마누라 품에 저런 거 두 쪽 안 붙었다

냐. 자네 저기 가서 주먹만 한 몽돌 두 개만 주어 와 저 돌 꼭지에 올려라. 그리고 이쪽으로 와서 가만히 쳐다봐라. 자네 각시꺼 하고 비슷할끼라. 저것이 왕가슴 바우다 알겄나 처사……. 침 흐른다. 입 닦아라 하하하.

내 마음의 해우소는 제 기능은 잘 하고 있는지 스스로 살펴 볼 일이다. 상락아정常樂我淨의 해우소! 그곳에 쭈그리고 앉아 고요하게 바라보는 것 그것이 완전소유에 대한 해답이다.

| sixteen |

인사

시골 장터에도 색시같이 예쁘고 깜찍한 차량들이 여럿 보인다. 그냥 눈길 스치며 지나도 될 일을 난 왜 이럴까? 한참을 감상해야 직성이 풀리니 이 호기심은 아무도 말릴 수 없는 고질병이지.

이것저것 구경할 것은 또 얼마나 많은가. 북적이는 장터를 눈으로 구경하다 보면 불특정 다수와 오며 가며 신체적 접촉사고는 다반사다. 외제에게는 아임쏘리, 국산에는 미안합니더, 내 실례에 대한 인사말들이다. 소박하고 단순해서 좋고 너와 나 별 차이 나지 않아 편한 곳. 천 원짜리가 그나마 제대로 대접 받을 수 있는 곳은 재래시장 뿐이지. 꾸질꾸질한 승복바지에 헐렁한 미제 군복 야상을 걸치고 돌아 다녀도 눈 따갑게 쳐다보지 않는 곳이다.

– 반갑습니더. 얼마라예?
– 삼천원입니더.
– 한 덩거리 담아 주이소.

중국 스님들은 인사말로 나무아미타불이라 한단다. 우리나라 스님들은 성불하십시오 라고 하고 인도 쪽 사람들의 인사말은 나마스테다. 승복을 제외하고 나는 상의 지퍼나 단추를 채우는 일이 거의 없다. 헐렁

하게 걸치는 것이 편하기 때문이기도 하지만 상대방에게 지나치게 깔끔하고 단정하여 빈틈이 없음을 보이기 싫기도 하기 때문이다. 조금이라도 여유있고 편안한 사람의 이미지를 전해 주고 싶은 내 소박 단순한 생각이다.

아마 이런 편안함 때문일까. 아님 나의 자연스런 인사 탓일까. 모두들 친절하게 다가온다. 전혀 모르는 아저씨에게도 아줌마에게도 반갑습니더 사랑합니더 많이 팔았습니꺼 또 봅시더 많이 파이소 이런 인사말은 저자거리의 사람들과 인정을 나누며 대화하게 되니 장터에 한 번 가면 몇 개 산 것도 없는데 시간이 자연 많이 걸리게 된다.

오늘 첨 보는 야채가게 아저씨도 십억 짜리 미소로 나를 환대하며 웃어주신다. 사람이 인사성만 좋으면 어딜 가나 손해보는 법은 없는 것 같다. 모두 인사나 좀 하고 지냅시더.

나무아미타불
성불하십시오
나마스테
사랑합니더

장터 사람들이 미소를 던지며 인사한다. 시님 날씨도 추운데 불 좀 쬐고 놀다 가시지 예 ~

| seventeen |

인연

십일월의 대학 캠퍼스는 차가운 입김으로 데워져 있을까. 도서관은 기말시험으로 빼곡하리라. 그리고 방학을 기다리는 설렘은 얼마일까 하는 생각을 잠시 하던 차에 학부에 아직도 남아 후학을 가르치는 벗으로부터 전화가 왔다.

– 잘 있냐?
– 뭐 그저……. 사는 게 다 그렇지. 네 부인과 아들은?
– 세월이 얼마나 흘렀는데 다 고만 고만해.
– 방학하면 한번 온나. 소주나 한잔 사주께.
– 시님한테 술은 안 얻어먹어 인마.
– 시님이 내리는 건 술이 아니라 감로주라 하는 거야 하하하.
– 그래 언제 시간 내 한 번 내려갈게.

지난 가을 그 억새들은 여직 갈 길을 찾지 못한 채 은빛 산발을 스산하게 흩날리고 산길 언덕배기는 노파의 궁전 같았다. 옷차림은 한 꺼풀 두툼해져 감각은 망각의 시간대로 흘러들어 가고 이 길을 하염없이 계속 걷다 보면 미완의 소설 속 눈물 같은 흔적도 만날 것 같은 예감이다.

바람이 닦아 놓은 겨울 산책로에서 사슬처럼 엮여 있는 내 인연들을 바라본다. 무심으로 내려놓으려 해도 세월의 저편에서 흘러온 연의 강물은 나날이 깊기만 하여 그 족쇄에 사슬처럼 엮여 있는 내 둘레를 멍하니 바라만 본다.

누구나, 그 누구나 인연의 굴레를 벗어날 순 없는 것이고 부모미생전父母未生前의 연줄로 현생의 연줄도 이어져 있음이니 어찌 그 복잡다단한 연의 타래를 벗어날 수 있을까.

특히나 부부의 연은 더욱 그렇다. 미생전未生前 서로가 빚지고 상처 준 연들끼리 이승에 빚 청산하러 온 것 뿐인데 부부라는 인연의 미명하에 내 남자라고 내 여자라고 소유와 구속, 고통과 억압을 일삼으니 그것이 또 다른 다음 생에 악연의 씨앗을 뿌리는 것이나 다름없음이다.

부모형제, 친구, 연인, 부부……. 인연 아님이 없지. 가만 생각해 보면 사람 인력으로 만들어지고 얻어지는 건 없나 보다. 보이지 않는 미생이전의 인연업과로 자의든 타의든 인연은 계속 생겨나는 법이지. 다만 연의 깊고 얕음의 차이일 뿐. 산사의 나무아미타불은 처음부터 끝까지 인연의 얘기다.

인연도 건물의 각 층마냥 구획과 구별이 명확하면 좋으련만 거미줄처럼 정교하고 실타래처럼 엉켜 있으니 이 세상에 태어난 것부터가 인연인지라 무얼 끊고 자시고 할 게 어디 있겠는가. 산중에 들어와 집착을 내려놓은 인연에게도 바람처럼 소식을 전해온다. 인연이란 사람의 일이 아니라 자연의 일이 아닐까 하는 생각이다. 거미줄처럼 정교하고 실타래처럼 엉킨 게 아니라 자연이란 원래 그런 게다. 인연이란 것이 거미줄처럼 정교하고 실타래처럼 엉킨 것이란 생각은 인간이 만들어 낸 허상은 아닐까…….

언제 어디서 우리가 무엇이 되어 다시 만날까. 남의 생에 연의 이름으로 이기적 가치성을 내세워 소유 한다면 그것은 망상적인 사고다. 설사 연인 사이고 부부라 할지라도 너와 나 각자 존엄한 인격체 독립체임을 인식할 줄 알아야 서로 제대로 된 접대이며 그래야 또 제대로 된 대접을 받는 것이야.

우리 모두 피곤한 인생의 밥상을 물리고 아늑한 잠을 청하려면 무너진 인연의 초심을 세우는 것이다. 그리고 진정 우리가 망각하고 있는 것은 인연의 초심이지. 모든 인연에 순종하고 선연의 매듭을 지어야 한다. 인생의 지름길은 바로 그것이야.

신의 남자의 명랑한 사생활

| 고흐아제 |

| 산과 여자 |

| 고독은 즐기라고 있는 것이야 |

| 성명신 기도 |

| 무술 |

| 생고자 – 장가 못 가는 사람들 |

| 육탑구이 |

| 동경 |

| 임 |

| 꽃비 |

| 쑥 캐러 가자 |

| 욕천 |

| 천년의 향기 |

| 연화산 옥천사 |

| 미개구착未開口錯 |

| 벗 |

| 멱심覓心 |

| 문밖은 가을인데 |

| 솔향기 |

| 금산 선생님 |

| 사는 게 뭐냐고 |

| 먼 길 |

| 안부 |

| 풍경에게 |

| one |

고흐Gogh아제

살아가는 색감들이 다들 색색이다. 누구는 날마다 산성 둘레길 돌며 초겨울의 서정을 캔맥주 한 통에 담아내고 또 어느 누구는 고려 불화대전을 구경하고 와 자랑이 요란하다.

나는 그냥 심오한 하루하루 미어터지도록 뭉개 뭉개 피워냈다. 닭살 돋은 시리한 몸 햇살 좋은 창가에 비벼 냉각된 피를 데우고 났더니 입이 궁금해졌다.

그래서 차 한 모금 마시고 도도한 과자를 아작 씹기 시작했다. 고소한 절편들이 잠시 육신의 궁핍을 위로했지. 그리곤 심심해진 내 마음의 황야에 불붙일 뭔가를 찾다가 뜨거운 책 한 권을 집어 들었다.

태양과 꽃, 자연의 감수성을 영혼의 색감으로 불꽃처럼 그려낸 네덜

란드 인상파 화가 반 고흐. 짧은 생애 빈곤과 영적 질환에 시달리면서도 차원 높은 예술혼을 불태운 그가 친동생 테오와 주고받은 인간적 고백과 영혼의 갈망이 담긴 편지글이다. 그리고 그의 작품이 실린 보기 드문 미문의 책. 이것이 바로 반 고흐의 영혼의 편지다.

서양화에 대해선 완전 일자 무식꾼인 내가 이 책을 이해 한다는 건 무리지만 그의 인간적 진솔성과 자유스런 사고, 울타리 없는 영적 감수성은 경직된 내 삶 속 영혼의 커다란 울림 같았다.

목사의 길을 걷고자 했지만 이루지 못한 좌절감. 그리고 사촌 케이를 사랑 하지만 거절당한 그 영혼의 깊은 실의감. 기성 화단에서 인정받지 못하는 소외. 보통으론 견디기 어렵고 감당키 쉽지 않았을 자기 삶의 여정을 끝내 예술혼으로 승화시킨 고흐. 모델 살 돈이 없어 자기 자신의 자화상을 그리게 되고 풍경화를 그릴 수밖에 없었던 외로운 화가의 자기 비애가 얼마나 구차했을까?

하지만 상처 받고 고통 받아 절망에 머물면서도 자신은 인격적 존재의 고귀한 영혼이며 돈 한 푼 벌지 못하는 예인이지만 자신은 충분히 사랑 받을 가치의 인간이며 작품의 존재가치를 스스로 평했던 고흐…….

자기 삶을 동경했던 그 순수함과 해맑음이 더욱 가슴 저리게 했다. '까마귀가 나는 밀밭' 이라는 마지막 작품을 남기고 스스로 생을 마감 했지만 자기 삶의 색감과 광채는 여전히 작품 속에 남아 상처 받은 또 다른 이들을 위해 우리 앞에 서 있는 듯하다.

구절구절 그가 남긴 편지글 속에선 흔치 않은 감동이 활화산 같이 뿜어져 나와 마음은 따갑고 영혼은 또 왜 이토록 시리게 느껴져 오는 걸까? 고흐의 편지글 중 한 대목이 마음을 멈추게 해 옮겨 본다.

'사람이 왜 평범하게 된다고 생각 하니? 그건 세상이 명하는 대로 오늘은 이것에 따르고 내일은 다른 것에 맞추면서 세상에 결코 반대 하지 않고 다수의 의견에 따르기 때문이다'

밀린 손빨래를 했다. 고흐의 영혼을 생각해 보며 손가락이 시렸지만 고흐보다는 덜했다. 수건 두 장, 러닝 세 짝, 바지 둘, 양말 네 짝, 그리고 빤스 네 장……. 찌든 영혼의 때까지 깨끗하게 빨려나가는 것 같았다.

|two|

산과 여자

칼바람이 몰아치고 냉기가 뼈 속을 스며도 추위는 문제가 아닌데 물이 얼어버려 주방과 화장실 물이 아니 나오니 그것이 문제로다. 미리미리 보온 피복으로 수도관 월동 준비를 해 뒀어야 했는데 물을 끓여 부어도 물님은 나올 생각이 없기에 식수는 약수를 떠와 먹음 될 일이고 해서 미련 없이 포기했다. 그리고 느지막한 오후 산행 기도를 갔다. 얼마 전 어느 지인이 내게 이런 말을 하더군.

– 스님은 여자 생각 안 나세요?

– 왜요. 엄청 많이 나지요. 자나 깨나 앉으나 서나 전 늘 그 생각만 하고 살아요.

– 어머, 정말이세요?

– 저기 보이죠. 말없는 산, 산이 여자잖아요. 전 늘 산을 여자라 생각하며 살아요. 그래서 별 아쉬움이 없는데 혹시 그대가 여분의 산 하나 주셔도 마다하진 않겠습니다.

산은 여체女體다.
산은 여심女心이고
산은 생명生命의 보금자리다.
산에 오래 살다 보면
산이 여자란 걸 느낄 수 있다.

스님들도 오욕락 중 애욕을 다 없애고 살 수는 없는 일이지. 그냥 매 순간 순간 수행으로 그 애욕의 번뇌 에너지를 상선의 건전 에너지로 승화 시키며 색의 경계에 물들지 않으려 함이야. 일단 사람을 쉽게 접하지 않고 대중 매체 티비 영화 잡지 따위를 보지 않는다.

그것만 해도 색色의 유혹을 반으로 줄일 수 있는 것이고 그리고 늘 자연을 접하며 포행하고 수행하면서 맑은 하늘의 기운과 땅의 기운 속에 머물다 보면 오욕의 번뇌도 차츰 줄어드는 것이다.

또한 수행자들은 소식少食을 한다. 특별한 약으로서가 아니면 육식을 하지 않으니 음식에 대한 욕심을 버리고 스스로 몸과 마음을 바르게 지킬 수 있는 것이지.

자연 속에는 다 있어. 그래서 산이 여자인 게다. 여자가 산인 게야. 수행자에게는…….

| three |

고독은 즐기라고 있는 것이야

기다리고 함께 마주할 수 없는 연인은 항상 불안이다. 좋다 사랑한다 말해봐야 그걸 어찌 믿고 확인할 수 있을까. 사람은 늘 함께 같이 하지 않는 이상 불안일 거야. 세상이 워낙 험악하니 나도 이해는 한다. 날강도 같은 별남별녀別男別女들이 얼마나 수두룩한 세상인가. 하지만 그렇다고 제 친구 제 애인을 의심해서야 되겠는가.

불안한 세상, 고독이 약이다. 고독을 즐기지 못하는 사람은 불안에 빠져 헤어 나오지 못한다. 고독은 즐기라고 있는 것이야. 고독을 즐기다 보면 고고孤孤한 독毒이 쌓이게 마련이지. 중독이 되면 곤란해지니 해독제가 필요해. 물론 세속에서는 그 독을 빼기 위해선 딴남딴녀가 해독제라 하더라만 그건 가짜 약이다. 진짜 약은 고독을 사랑하는 것이야.

내가 사는 여긴 산중이고 두발로 걷는 직립보행의 호모 사피엔스가 여기서는 국보급으로 취급 되어져 우리 같은 사람은 원숭이 한 마리도 구경키 어렵지. 하여 산중에 사는 이는 고고한 독을 뭣으로 해독 하느냐……. 칡뿌리를 달여 갈근탕 한 사발로 고독의 기운을 박멸 해버리지. 때론 막걸리 한 사발로 지워 버리고 허허, 난 이리 살아.

나도 너무 고독해서……. 마음이 출출 해지고 생바람 부는 날은 사창도 아니고 공창도 아닌 산창의 숲으로 고독을 헹구러 간다네. 여기에 아무나 사는 게 아니야. 고독과 외로움을 가장 근사한 자기 벗쯤으로 여겨야 하루가 넘어가고 인간의 감정을 잊어야 일 년이 지워지는 것이지. 오욕락을 다 비울 때 삼 년을 사는 것이야. 이 직업 수월한 게 아니야. 겉보기에만 그럴싸하지. 너무 부러 하지 마라.

착잡한 나날 누구는 날 보고 꿋꿋하게 잘 살라 하던데 굳이 꿋꿋하게 살 것 까진 없고 여태까지 그랬듯이 사는 듯 마는 듯 그리 살면 되지 않을까 싶다. 마음이 참으로 맵게 느껴지는 날이다.

| four |

성명신 기도

성부와 성자와 성신의 이름으로 명작같이 신심 있게 살 수 있다면 인생에 천국이 달리 필요할까.

왜 스님이 되셨냐고 누가 자꾸 묻기에 그것도 열 번이 넘게 묻기에 정색을 해서 말했다. 어느 스님께나 속명과 나이, 출가 이유를 묻지 마시라 당부 드렸다. 출가 사문은 앞을 향해서만 나갈 뿐 뒤를 돌아보지 않는 법이다.

하여, 과거란 없는 것이다. 그러니 이름을 나이를 어찌 알 것이며 더 더구나 출가를 왜 했는지 그건 더욱 모를 일 아니겠는가. 그렇게 얘기 해도 또 묻더라.

– 스님, 왜 중이 됐는데요?

사제서품에 탈락되고 목사고시에 물마시고 나니 오갈 데가 없더이다. 집으로 돌아갈 낯짝도 없고 해서 그냥 쪽팔려 숨어 살려고 절로 들어갔더니 어느날부터 시님이란 호칭이 붙게 되었네. 다음 생엔 신부가 되고 싶다. 성도들과 담배도 맘놓고 꼬실고 노랑소 볼기살 굽어 놓고 와인도 한 잔씩 땡기며 한 생은 사제서품 받아 꼭 그렇게 멋지게 살아보고 싶다.

또 한 생은 꼭 목사고시 합격해서 성명신을 갖춘 참한 색시랑 개척교회 부터 시작해 여의도순복음교회 열 배 만한 교회를 세워 보고 싶다. 아마 그렇게만 된다면 내 삼생은 후회스럽지 않을 텐데 글쎄다. 이렇게 딴소리만 하고 있는데 과연 이루어질 수 있을는지 다음 생에 또 중이나 되지 않을까 싶어 두렵고 걱정이다. 오늘 부터라도 기도 열심히 해야지. 성명신 기도를……. 성부와 성자와 성신의 이름으로 기도 하나이다. 명작같이 살 수 있게 해 주시고 신심 있게 살아갈 수 있게 힘을 내려 주소서.

기운 십일월의 햇살은 창가에서 담쟁이랑 졸고 있고 객도 없는 빈 찻집엔 여주인이 미소 한 아름 머금고 나를 반긴다.

– 어서 오세요. 시님!

- 촌국수 두개 주소.

산골 촌국수 한 그릇 오천 냥인데 인심 푸지게 깨소금이 그득하다. 무말랭이 무김치 후룩 후룩 냠냠 시원하게 한 그릇 비우고 내 속은 팡팡해졌다. 국수도 먹고 했으니 이제 성명신 기도하러 갈란다.

| five |

무술

어느 눠가 무술을 배우고 싶다고 물어온다. 배워 어디에 쓸라고? 어느 놈 하날 패 죽이고 싶어 그런가. 소싯적 무술을 했던 내 이야기를 들려줬다.

각 파트, 원 스톱으로 줄넘기 육천 번 하고, 팔굽혀펴기 오백에 평행봉 이백 개, 윗몸 일으키기 삼백……. 그렇게 이 년 간 하루도 빠짐없이 트레이닝 했다. 그러고도 근육이 늘지 않아야 무술武術이란 대문에 겨우 들어서게 된다.

삼십 전 까지 꾸준히 심신을 닦았을 뿐, 그 후론 부드러운 선과 곡을 지닌 동양의 기본무基本武를 익혀 몸에 배이도록 연습해 왔다. 그땐 그냥 힘을 빼고 그렇게 운동함이 좋았을 따름이었지.

나도 번민 많은 소년이었다. 산을 타고 운동을 한 건 내 나이 열일곱부터였다. 학교 간 날이나 안 간 날이 둘 다 엇비슷했다. 가도 책을 펼쳐 본 날은 얼마 안 되고 아니 간 날은 산에 있었다.

어쩌면 산은 친구이자 내 놀이터였다. 인문고를 다니다 자퇴하고 농고를 다녔기에 더욱 내 인생 취미활동을 그 학교가 보장해줄 수 있었

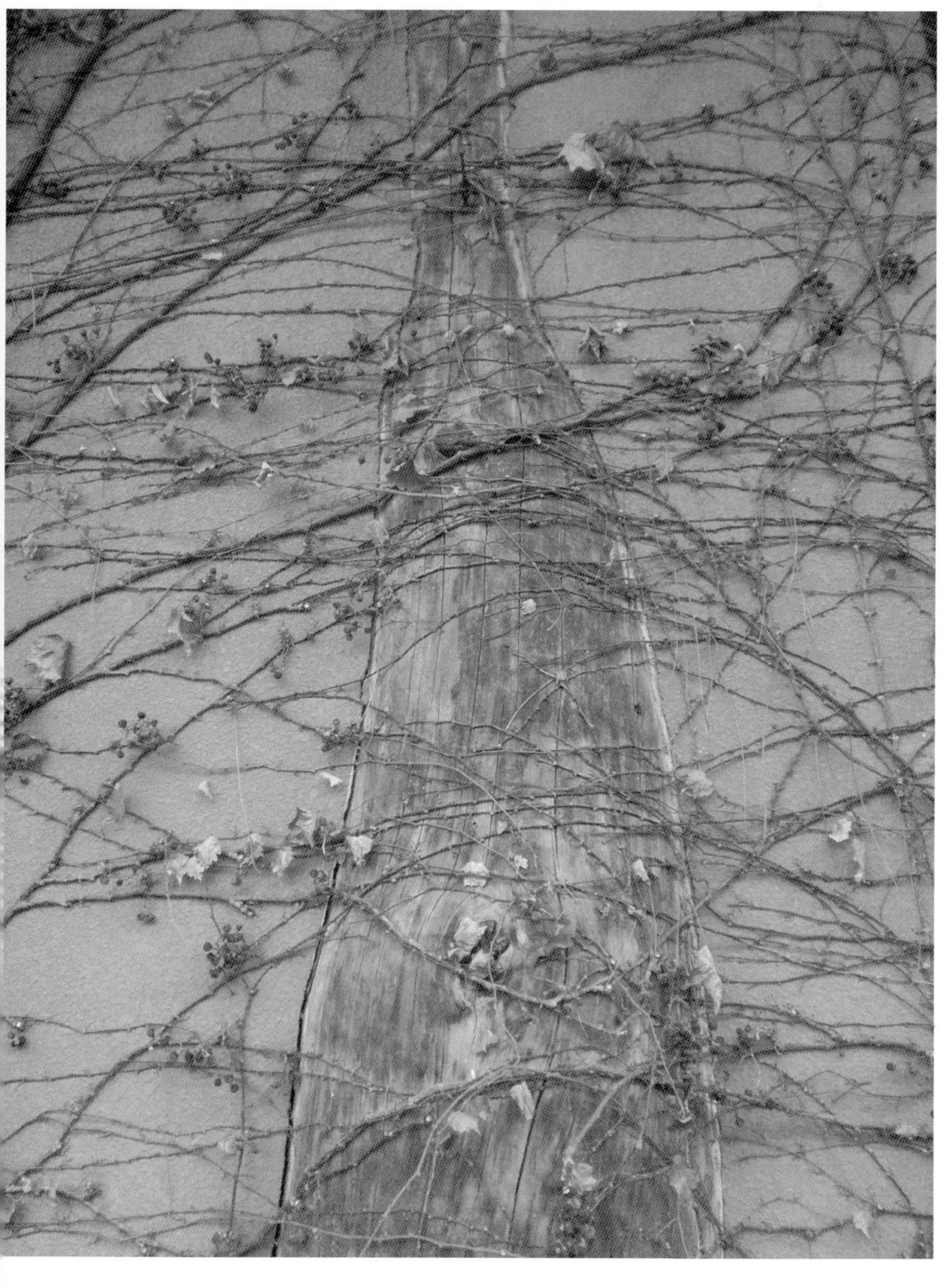

다. 그런 학교를 다닌 난 행운아였다. 오든지 말든지 가든지 말든지 상관하지 않았다. 이런 생활에 일조를 더해준 분은 내 모친이다. 내게 아무런 간섭이 없었으니 나의 취미생활은 더욱 깊어갔다.

무술을 배우고 싶다고? 나이 들어 고거 배워 뭐할래. 무술武術은 술術이라 그야말로 기교와 잡기일 뿐이다. 무술無術을 배우고 익혀라. 무술無術! 술이 없는 그런 값진 걸 배우란 말이야. 괜스레 나이 들어 트레이닝 한답시고 날뛰다가 뼈가지 부러지고 한풍에 사기邪氣들어 중풍든다. 그냥 맴 공부나 충실해라.

내 사형 여럿이 배운 기교와 술 뽐내다가 신세 발라당 돼서 인생종합 예술학교 그 졸업장에 별만 소리 없이 빛나고 지금은 조용히 산다.

무술 중의 제일 으뜸은 무술無術이다. 계략이 없는 마음의 단련. 수행을 통해 얻어지는 값진 그것이야말로 무술無術이지.

| six |

생고자生鼓子
장가 못 가는 사람들

내 토굴을 스치던 나그네가 차 한 잔 얻어 마실 수 없느냐고 하여 가는 길 아니 바쁘면 앉았다 가시라 하고 다관에 뜨거운 물을 가득 부어 산차 한 대접을 드렸다. 승복은 입었고 바랑을 맨 걸 보니 납자임에는 분명한데 차담을 나누며 어디로 가시는 길이냐고 물으니 아직 공부할 거처를 잡지 못하고 무작정 길을 따라 간다고 한다.

안거 철인데 여직 앉을 자릴 정하지 못해 어쩌시나. 모 처 모 사찰에서 줄곧 지내 왔는데 그곳에 오래 있다 보니 눈길이 마주쳤는지 인연 깃이 스쳤는지는 몰라도 한 여인네가 죽자 살자 스님이 좋다고 아침마다 찾아들어 대중 눈치도 그렇고 수행하는데 지장이 생겨 산문을 내려왔다는 얘기다. 내가 그랬다.

– 보시오 스님, 그 좋은 기회를 왜 마다하고 고생을 사서 하시오.

– 그게 무슨 말씀인가요.

– 아니 보시오. 시골이나 이 산골에는 장가를 못가 총각들이 산 박달귀신이 되어 돈을 싸짊어지고 베트남이나 필리핀 같은 데 가서 색시감을 모셔 오는 판인데 그냥 굴러들어온 금덩어릴 왜 차버리냐 말이오.

– 에구 스님 농담도 구수하시다. 납자가 어찌 장가를 갑니까.

– 왜 못 간다 말이오. 혹시 스님은 법명이 고자에 자자되시나? 나 같으면 이게 웬 부처님의 복이여 하며 삼보전에 넙죽 절하고 바로 한 살림 차리겠소. 이왕 이렇게 된 거 머리털 길러 환속하면 될 일이고 스님은 좋은 기회를 잃어버린 것 같소. 불가에 이런 말이 있지 않으오. 중지거래衆之去來 무추무거無追無拒라 오는 인연 막지 말고 가는 인연 잡지 말라 했거늘. 괜히 오는 인연 막았다가 스님만 낭패 당하고 고생보따리 안게 되었지 않소. 그러지 말고 본사로 되돌아 가 그 보살님께 자초지종을 설명하고 그곳에서 한철 수행 잘 하세요. 세속에서도 집 나가면 고생이라잖아요. 하물며 산중에서 절간 나가면 지옥이지. 한쪽에선 장가를 못가서 난리법석인데 또 한쪽에선 장가를 안가서 난리네.

– 같이 살자고 하는 고런 기회가 만약에 온다면 스님은 어떡할 것이요?

– 뭘 어째요. 그날로 신혼여행 떠나 신방 차리는 것이지 그걸 질문이

라고 하오. 아까도 얘기 했잖소. 오는 거 막지 말고 가는 거 잡지 말라고. 오는 건 다 잡을랍니다. 헌데 오는 것이 없어 문제여. 하하하…….

한바탕 이야기를 떨고 길 떠나온 남자를 보냈다. 남자의 허한 뒷모습이 눈에 밟혀 산길을 내려와 진주로 향했다. 해산물 사업을 하는 진주의 강 보살이 요즘 낙지철이라 낙지가 불티나게 팔린다고 하여 강 보살도 볼 겸 들렀다.

– 보살 나도 한 마리 얻어먹읍시다.
– 시님이 이런 것도 드십니꺼.
– 없어 못 묵는다. 보살 입이나 내 입이나 다를 께 뭐있노? 장개도 못가는 사람 불쌍도 안하나 낙지 한 마리 묵으모 우떠노.

강 보살도 웃고 나도 웃고 낙지도 웃었다. 진주에서…….

| seven |

육탑구이

밤새 산골짝에서 바람은 얼마나 쎄게 불어 대는지 바람과 눈으로 모든 게 꽁꽁 다시 얼어 버리고 꼼짝없이 갇힌 몸이 됐다. 아! 갑갑하다. 아침에 사진 몇 장 찍는다고 돼지석상을 바라보다 문득 이런 글이 떠올랐다.

나를 사 가세요. 부위별로 팝니다.
흐벅지진 않지만
오십 년 숙성된 살이 말랑 말랑 할 거예요.
세상을 휘젓고 다닌
팔과 다리는 좀 싸게 팔아요.
엉덩이 살은 바람구멍이 있을 거예요.
살짝 도려내고 드세요.
당신 가슴에 영영 메울 수 없는
구멍을 만들지 몰라요.
젖가슴과 허벅살은 할인 되지 않아요.
입술은 혀를 끼워 팝니다.
혀 없는 입술은 좀 싱거울 테니까요.
갈비뼈 사이엔
아팠던 흔적이 사리처럼 끼어 있을 거예요.

약이라 생각하고 꼭꼭 씹어 드세요.
간장은 다 녹아 못쓰게 됐을 거예요.
진창도 퐁덩 풍덩 다니던 발과
아무나 덥석 덥석 잡았던 손이 문제군요.
아랫도리를 통째로 사가면
손은 덤으로 드릴게요.
잠 안 오는 밤
혹시 당신에게 위안이 될지 모르니까요.
발은 팔지 않을래요.
갈 곳이 있거든요.
꼭
한번은 만나야 할 사람이 있어요.
평소에 그랬듯
껍질은 살살 벗기세요.
당신 입맛에 맞게 회를 뜨든지
탄력이 없다 싶으면
소금구이를 해보세요.
뼈는 푹 고아 조금씩 마셔요.
뼈에 사무쳤던 일 많아 독이 있을지 몰라요.

아!
당신이군요.
어떤 부위를 잘라 드릴까요.

—황희순의 부위별로 팔아요.

창밖엔 흰 눈 쌓여 있고 바람은 아직도 불고 불어 풍경소리만 시끌시끌하다. 눈 내린 이런 날 숯불 피워 무쇠 철판 올려놓고 삼겹살이다 목살이다 황정살이다 갈매기살이다 마다 않고 자글자글한 고기 위에 솔잎도 한줌 뜯어다가 뿌린 후 상추 위에도 깻잎 위에도 노릇노릇 고기 한 점 얹어 막된장에 마늘 한쪽 끼워놓고 소주 서너 잔이면 이팔청춘이 부럽겠냐.

그런데 괴기는 누가 사러 가나. 이 산골에서 족히 삼십 리는 걸어가야 부위별로 파는데 왕복 육십 리 길을 이 눈바람 불고 땅바닥이 얼어 미끌미끌인데 어찌 간단 말인가. 부위별로 판 저 시를 읽으며 이미 난 다 먹고 있었다. 먹어도 먹은 것이요 안 먹어도 먹은 것이니 중팔자 되길 잘했는지 모른다. 사러 가고 싶어도 바람이 막고 눈이 막고 추위가 막아주는 이 깊고 깊은 산골이 더 없이 좋은 밤이다.

| eight |

동경

추울수록 산 계곡을 따라 깊이 파고들면 온기는 그곳 인적이 끊어진 자리에 온순하게 나를 기다리고 있다. 법명은 홍일이요 별명은 낭만 꾸러기인 나의 자연예찬은 지리산 곳곳에 열정의 흔적을 남겨 놓았다.

추억은 펼칠수록 새큼한 맛으로 내 앞에서 멈칫 길을 가로막곤 한다. 시간이 덮어버린 그 많은 꺼풀들을 한 겹 한 겹 들춰내다 보면 치기 어렸던 내 마음과 감정에 스스로가 살짝 웃기도 하지. 아무도 모르게 안개 숲을 더듬어 가듯 지리산 계곡을 걸으며 또 걷는다.

내 청춘이 내 젊은 날의 추억이 새침하게 각인 되어 있는 곳. 이십 년도 넘은 세월을 나는 지금 멍청하게 혼자 중얼거리고 있는 중이다.

이십대. 생얼의 청춘도 아니고 막바지 폐닭의 가물거리는 나이도 아니었지 너무 어중간해 이러지도 저러지도 못하는 그런 젊은 시절의 여름 한철, 그 일주일은 고뇌에 절어 이 계곡 달빛을 조명 삼아 우린 한 말짜리 막걸리 통에 빠져 여름 피서를 여기서 났다. 뇌세포의 노화래도 난 지금 그 지난 장면들을 리얼하게 생방송으로 중계도 가능하지.

총각 둘에 처녀 다섯, 그때 내 임무는 알퐁스 도데의 별에 나오는 순진한 양지기 역할이었다. 길 안내 겸 처녀 지킴이를 자청했다. 순종적인 풍산개나 진돗개 못지않은 후각으로 달을 향해 울부짖는 늑대마냥 불면의 밤을 지새우며 파랗게 열리는 그 새벽을 나는 지켜냈다.

실수는 나를 제외한 부산 처녀 다섯의 연대과실이지. 텐트 두 개를 준비해 온다던 아가씨들이 한 개만 준비해 왔으니 늑대에 가까운 숫총각 둘은 바위에 앉아 술 한 잔에 그 새벽이슬을 다 받아 먹어야 했으니 밤새 부어라 마셔라 불러라 했지. 술기운에 곱게 뻗은 아가씨들 보며 우리 둘은 제각기 콧노래를 불렀지. 순찰을 핑계로 슬쩍 다섯 여인이 잠든 텐터를 살그머니 감상하고 이불을 덮어주는 신사적인 행위를 빙자하며 내 손길이 아가씨의 보드라운 볼짝 근처를 스치긴 했어도 감촉의 기억은 없었다.

술기운에 강양은 나를 끌어안고 뽀뽀를 하고 최양은 한낮에 물에 빠져 죽을 뻔한 것을 내가 기어들어가 구해 줬는데도 고맙다는 소리 한번 안하고 모모통신 어느 기자 놈한테 시집을 갔지. 자면서 잠꼬대로는 고맙다 하더군. '물 마이 묵었던가예 고마바예 우찌 감사해야 돼노' 하며 연신 잠꼬대 뿐이더라.

기대를 해선 절대 안 된다는 것도 그때 터득한 생활의 지혜다. 생명의 은인에게 어떻게 감사해야 하는지를 그 처자는 그 나이 때 잘 몰랐던가 보다. 내 같으면 죽을 이 몸 살렸으니 총각의 처분을 기다리겠노라고 난 그리 말했을 텐데……. 그렇다고 내가 음심을 품은 건 아니고 또 뭘 바라고 그런 행을 한 것도 아니고 물에 빠진 거 이리 잡고 저리 잡아 처녀가 부끄러워 그랬으리라 짐작은 하지.

하여간 그렇게 하루 이틀이 지나고 앉으면 마신게 술이었으니 술이 깰 리가 있었겠나. 이른 아침 김양이 내게 이리 말하더라. 지는 어제 술을 아니 마셨으니 저 아래 절에 가이드를 좀 해 주실 수 있냐고? 절 대웅전까지 안내하고 나는 얼마나 몸이 천근만근이 되었던지 김양 백팔배 하는 거 보면서 난 댓돌에 앉아 졸고 있었다. 그 와중에 백팔배가 뭔지도 몰랐지만 백팔배하는 김양의 자세를 보고 나는 놀라 자빠질 뻔 했다. 그때까지 절이라고 해봐야 제사 때 두 번씩 서너 번 해본 경험 밖에 없는 나로서 백여덟 번을 번개처럼 해치우는걸 보고 내가 놀라지 않을 수 있었겠는가. 알고 보니 김양은 그 당시 모 지역 대학불교학생회 간부였다지. 졸고 있는 나를 깨운 이가 그 당시 이 절에 수행하시던 스님이었다.

- 보세요. 처사님 여기서 졸면 안됩니다.

부스스 눈을 떠보니 동그란 얼굴에 백옥도 저리 가라할 정도로 얼굴에 잡티 하나 없는 앳된 비구니가 나를 깨워 주었다. 와! 솔직히 반할 지경으로 미색도 절색이었어. 그날로부터 나는 스님만 되면 저런 분들이랑 같이 생활하게 되는구나 하고 참으로 어수룩한 확신을 품게 되었지.

그리고 덧붙여 말하면 그간 중 같은 건 관심도 없고 중들은 배가 고파 절에 들어가 사나보다 이런 짐작이 확 사라져 버렸고 우연히 스님을 보게 되면 존경심 같은 거 까지도 생겨나게 되었어. 정말 죽이는구나! 저리 큰집에 그토록 예쁜 여자랑 같이 산다. 야, 정말 대장부 중에 대장부로 보이더라. 그 시절 중들이 다 그렇게 사는 줄 알았어. 내 생애

최초로 만나게 된 그 여스님이 너무도 곱고 아리따웠지. 그리고 착각은 그 때문에 시작 된 거고.

오늘따라 내 헛소리 때문인지 원통전에서 들려오는 목탁소린 울고 있는 듯하고 염불소린 가늘고 가늘어 눈물이 날 지경이다. 싸늘한 산 공기 속에 처연한 수행의 명암들이 흩뿌리며 지난다. 감춰진 겨울 산사가 냉정한 산 그림자 속에서 그 옛날 내 청춘에 스쳤던 그 가녀린 비구니 스님을 떠올리게 한다.

지금, 어느 산 어느 법당에서 한 세월 향연처럼 살고 계신지……. 좁은 어깨, 작은 보폭, 설백의 그 스님이 오늘따라 왜 이다지 또렷하게 떠올라 내 심전을 울리는지 모르겠다. 범종소리 보다 더 웅장하게 꽈앙 하고 울린다. 눈길 위에 아로새긴 작은 추억의 잔영들이 몰려드는 어둠이 지워줄려나. 이제 서서히 산그림자에 그 옛 추억이 흐릿하게 스며들고 있다.

| nine |

임

불전에서 이런 소리 하긴 좀 그렇지만 개떡 같은 나날들이다. 해도 그만 안 해도 그만인 일상의 일들이 그러하고, 느릿느릿 떠올랐다 퍼뜩 지나는 산골의 난장이같이 짧은 태양이 그러하다. 하루가 참으로 짧다. 히히거릴 일도 좀처럼 생겨나질 않고 슬슬 동안거 날짜도 다가오고 있다. 안거라 해봐야 산골짝에 박혀 겨울 지우는 게 고작인데 문득 모셔 논 부처님께 이렇게 묻고 싶어진다.

부처님
부처님
우리 부처님
부처님께서는
왜 성출하셨나요.

이놈아,
뜬금없이
그런 건 왜 묻고 난리여
꼭 공부 못하는 것들이
의심 많고 쓰잘데기 없는 것에
호기심이란 말이야

그래 내 복에 겨워
그랬다 이놈아.

저 같으면
가출 안 해요.
주지육림의 아방궁에서
미녀들이랑 한평생 북 치고 장구 치고 놀지
해볼 거 안 해볼 거 다 해봤으니
무無니 공空이니 허虛니
이해하기 어려운 말씀이나 하시는 게지요?
전, 제가
왕자였음 절대 담 너머
성출 아니 하옵니다.

허허,
이놈아,
그러니 네 꼴아지가
그 모양이지.

아!
부처님도
평생 얻어먹은 주제잖아요.
왕자 출신이니 근로의식도 없을 테고…….
전, 일일불작一日不作 일일불식 一日不食이요
부처님 보다 훨씬 낫지요.

근데 부처님을
어인 놈이 이리도 삼박하게
조각해서 깎아 주셨나.
한 인물 하시옵니다.
몸매도 짜악하니 멋지네요.
머리에 이고 있는 게
뭔지 모르겠지만
여간 고문이 아니겠습니다.
날씨도 추운데
왜 그러고 계시옵니까?
선정을 핑계로 졸고 계시나…….
무식한 이놈은 구별하기 어렵습니다요.

이놈아.
너 같은 후레 아들놈들
지옥 아니 보내려고
지장보살이랑 의논중이다.
쓸데없이 뒤태는 왜 바라보고 난리여.

부처님
죄송합니다.
그 깊으신 뜻 헤아리지 못하는
이 무지몽매의 중생
용서해 주소서.
구도의 열정이 미약하여

중물이 덜든
땡중이 참회하옵니다.

| ten |

꽃비

바람이 불었다. 여심을 겨냥했던 바람은 괜스레 지리산까지 흔들리게 했다. 꽃이 낙화한 것은 바람 때문이 아니었어. 여심의 귀여운 호들갑이었지. 꽃비를 피해 달리는 여심을 보고 바람이 내게 와 일러바치더라.

꽃이 피면
꽃과 여인은
한통속이다.
그 꽃을 시기하고
질투하는 것도 여인이다.
꽃비가 내리면
꽃비와 여인은
또 한통속이더라.
바람이 내게 와서
살짝 얘기하더라.

| eleven |

쑥 캐러 가자

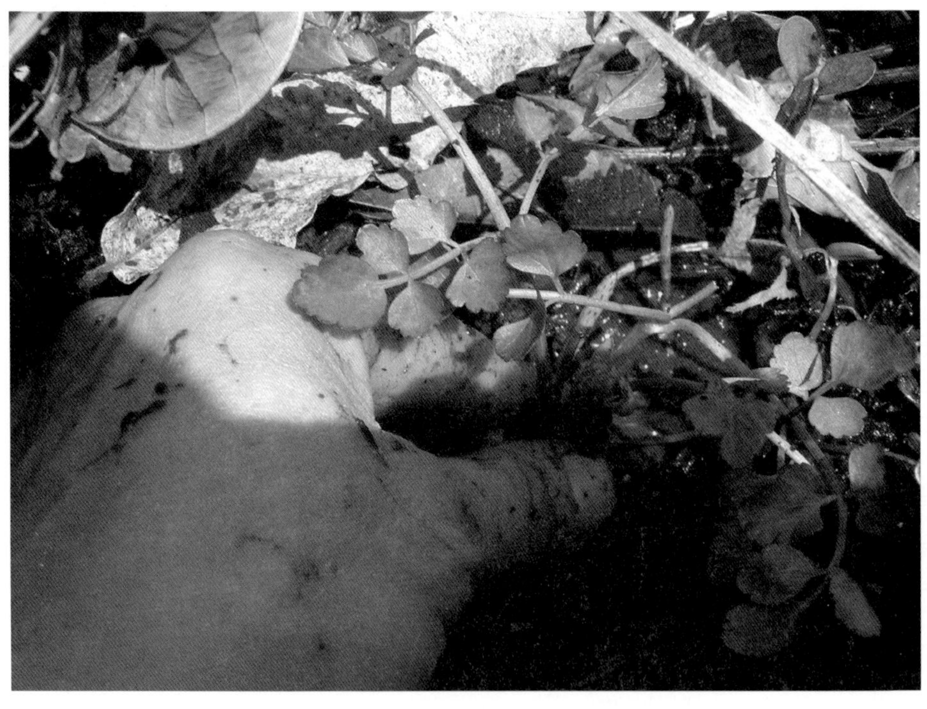

황소야. 빼앗긴 들판에도 봄이 온다. 맛있는 풀들이 파릇해 졌더라. 나랑 지리산으로 풀 뜯으러 가보지 않을래.

아니, 싫어요. 미제 사료에 입맛이 길들여져 생풀은 풋내 나고 맛이 없는걸요. 시님이나 많이 뜯어 잡수시구려.

건방진 소대가리야, 언제부터 네가 고렇게 배짱이더냐? 요즘은 네 몸 아니래도 값싼 호주산 미국산 쇠고기도 천진데 넌 아직도 금값이더냐. 그래 나 혼자 간다. 이놈아. 사료냐 씹고 잘 놀거라.

봄 하늘 푸진 햇살도 좋고 상냥한 바람결 공기도 순하고 해서 백운동을 벗어났다. 덕천강을 가로질러 길을 따라 달렸다. 잠깐 우체국에 볼일이 있어 공무를 보고 확 트인 길을 시원스레 질주한다. 지리산 국립공원 입구에 도착했다. 이제부터 산속으로 살그머니 잠입해 숲을 향해 발걸음을 재촉한다.

코앞에는 천왕봉이 빤히 보이고 숲길 옆에는 이름 모를 야생 봄꽃들이 소나무 그늘 아래서 얌전히 향기를 토해 내고 있다. 고운 눈빛으로 한참을 들여다보면 꽃잎들이 선선한 미소를 품게 해 준다. 저토록 맑은 색소들은 도대체 어디서 나오는 것인지 환상적인 자태에 갈 길을 잊고 어리둥절해진다.

실개울에도 파릇하게 생명의 숨소리가 들려오고 봄의 합창도 정겹기 그지없다. 산새소리와 졸졸거리며 흘러가는 물소리. 숲의 정령이 보살피는 여린 생명들이 자연과 마주한 지라산은 언제나 환희로움 그 자체이다. 칡넝쿨 옆에 멧돼지들이 파놓은 흙더미가 있다. 칡뿌리에 물이 오를 요즘 가장 맛있는 칡뿌리를 멧돼지는 홀로 즐기기도 한다. 습지를 조심스레 몇 걸음 더하여 가보면 축축한 낙엽 사이를 비집고 움트는 신선한 산야초가 얌전하게 앉아 있다. 간열을 다스린다는 돌미나리도 보이고 산속의 야생 대밭에는 머위가 고개를 내밀고 벌써 꽃대까지 올라왔다. 수북한 댓잎을 걷어내면 연하고 보드라운 머위 향을 한 아름 얻을 수 있으니 생명에 감사해야 할 일이다.

양지바른 한쪽엔 통통하게 살 오른 심산 부추와 야생 전구지도 눈에 띈다. 응달 바위 곁에는 돌나물이 숨 쉬고 한 줌 여린 순을 따고 아래로 내려오면 찔레가시 덤불 샛길에 향기로운 쑥밭이 펼쳐진다. 바람이 차가워서일까. 아직은 쑥 캐기에 너무 어리고 연약해 보인다. 너무 작고 어려서인지 캐고 캐도 쑥이 늘어나질 않는다. 한 시간쯤 캐다 재미가 없어 이내 포기하고 다음을 기약하기로 했다. 머위를 뜯고 쑥 한 소쿠리 캐는 데 반나절이 훌쩍 떠나갔다. 산에는 그늘이 지고 아랫녘 마을에는 해가 어중간하게 남았다. 이제 하산해야겠다.

며칠간 밥상을 즐겁게 해줄 벗이 생겨 기쁘다. 자연 앞에 감사하고 감사할 따름이다. 지리산은 산승을 먹여 살려주고 산승은 지리산에 기대 수행하며 살아간다. 이것이 산에 사는 즐거움이다.

| twelve |

욕천

밤이 되니 웬 봄바람이 삭풍으로 변해 숲을 몰아치는지 풍경 소리 요란한 밤에 어둠만 짙어간다. 깊은 산속에도 봄이 와 약수물에 목축이며 솔잎파리 화두 삼아 입에 물고 이 산 저 산 발품 파는 내게 산새처럼 행복해서 좋겠다고 부러움인지 빈정대는 것인지 한 번씩 내 오장을 꼬는 지인이 계시다. 자기 자신이 부처를 능가한다고 생각 하는 분이시니 내가 하는 말이 들리기나 하겠는가. 난 그분께 엉성하게 딱 세 마디만 한다.

– 네 말 맞다, 네 똑똑고 훌륭타.

더 이상의 코멘트면 균량미 부족한 내가 백 판 깨지기 때문에 꾹 참는다. 참는 자에게 복이 있다고 하니 범유하심자 만복자귀의凡有下心者 萬福自歸依 모름지기 속아지 안 부리고 어금니 뿌드득할 만큼 참는 놈에겐 하느님과 부처님이 만 가지 복을 그냥 던져 준다.

부글부글 밥 끓는 소리가 속에서 새어 나와도 난 참아 버리지. 아둔한 자와 아둔한 소릴 지껄이다 보면 지금껏 어렵게 공부해 애써 따 논 내 점수를 홀랑 홀랑 까먹게 되어 어느 순간에 상대방 보다 더 멍청한 놈이 돼 버리는 경우가 있기 때문에 더 더욱 참는 것이다. 살면서 그 나

물에 그 밥이란 소리는 안 듣고 인생살이 해야지 않겠는가.

한 삼칠일 단식기도를 하면 영식靈識이 맑아져 보지도 듣지도 않은 먼 곳의 일들을 심안心眼으로 보는 경우가 있다. 그럴 때 혼자만 알고 아니 말해야 하는데 옆 사람한테 얘기 했다가는 이런 소릴 듣게 된다.

– 저 자식 굶고 기도 한다고 지랄하더니 이젠 미쳤어.

세상사 속적인 욕구를 조금 덜어 내고 마음을 닦아 간다면 보이지 않는 것도 보이게 될 테고 들리지 않는 것도 들을 수 있게 되지 않겠는가.

목욕을 하며

온몸에 쌓인 사십 년간의 허물을
천 섬 맑은 물에 모두 씻어 버린다.
만일 티끌이 오장에 생긴다면
바로 배를 갈라 흐르는 물에 부치리.

– 남명 선생의 浴川 –

사무라이도 놀라 도망갈 시다. 평생 마음을 닦고 닦아 심전에 티끌 하나 없이 살았다는 유림의 지조와 고결을 표현한 시가 아닐까 생각된다. 사욕과 사심 없이 살라는 말일 수도 있을 것 같다. 먹고 살기 급급한 너와 나 우리들 모두 육신의 춘곤도 다스려야 할 때이지만 한 번쯤 자신의 정신적 기갈과 영혼의 허기진 숨소리도 귀 담아 들어 봄이 삶에 맑은 보탬 되지 않을까 싶다.

바랑에 담긴 내 지혜는 없다. 다만 이것 하나는 깨우치며 산다. 누구나 깨달음은 자신 속에 있고 모든 답은 자신의 그릇 속에 담겨 있다는 것. 그래서 소크라선사가 너 자신을 알라고 그토록 강조 한 건 아닌지…….

| thirteen |

천년의 향기

개나리가 알에서 깨어나 삐악거리며 피어나고 있다. 이런 날 봄비라도 내리면 얼마나 좋을까. 산차 한 잔 홀짝이며 셸부르의 우산이라는 영화 한 프로 보고 노란 우산에 노랑 장화 신고 약수물 길러 가면 좋을 텐데……. 셸부르의 우산이 들어간 시디도 없고 노랑 장화 노랑 우산도 없는 내가 미워질라 한다. 있는 거라곤 검정 우산이랑 검정 장화 뿐이니 분위기고 폼이고 다 꽝이다.

암자 울타리에 핀 개나리가 입을 딱 벌리고 나를 놀리는 것 같다. 날씨는 저녁 굶은 시어머니 상을 하고 내 몸을 백 근 정도로 무겁게 누르는데 약수물 뜨러 갈 일이 걱정이다. 하지만 어쩌나 가야지 내가 아니면 누가 내게 물을 먹여주랴. 산암의 지하수 물맛도 괜찮은데 워낙 고급스런 산중 석간수에 입맛이 절어 나는 꼭 약수물을 길어다 상음하고 있다. 아무거나 마시면 될 일을 입맛 하나 잘못 길들여 놓으니 평생 팔다리가 이 고생 아닌가. 물 길러 가는 길에 육백 년 매화향도 살펴 볼 겸 가자, 약수터로…….

허름한 오후 시간, 촌 골짝 빈 도로를 있는 대로 달리다 보면 스트레스는 바람에 휴지 조각 날아가듯 말갛게 털어버릴 수 있다. 그렇게 달려 옛 단속사 산문까지 다다랐는데 이상스럽게 서 있는 저게 뭔지는 몰

라도 임꺽정 소굴로 들어가는 느낌이다. 절벽 한 가운데 쩍 벌어진 아래 암벽 중앙에는 어른 두상만 한 글자 네 개가 선명하게 음각돼 있다

광제암문廣濟巖門

'모든 중생들을 구제하고 제도 하는 돌문' 대충 그렇게 이해하면 되겠지. 고운 최치원 선생의 필체라 하는데 근거는 없다. 광제암문 벼랑에 진달래가 저리도 서럽게 홀로 피고 있는데 손이라도 한번 잡아 줘야 할 것 같다. 지 신세나 내 신세나 동병상련 아니던가. 발발 기면서 올

라가서 더 강하게 살라는 차원에서 몇 가지 꺾어 왔다. 꽃병에 꽂아 내 다각을 봄 향기로 꾸며 볼 심사로 그리 했다. 진달래도 나의 이런 마음을 알아주겠지. 우주소년 아톰보다 더 날쌔고 잽싸게 광제암문을 내려와 단속사지로 다시 왔다.

칼슘부족인지 뭔지 척추 디스크 앓는 소나무 사이로 십일자가 보인다. 구멍이 송 뚫린 저 돌비석 같은걸 당간지주라 한다는데 작은 절에는 없고 꼭 큰 가람의 대찰에만 있는 것이다. 솔바람 맡으며 천 년을 넘게 묵묵히 서 있는 걸 보면 돌덩이도 기본이 천 년인데 사람 인생은 백 년도 못 가니 얼마나 허망한 것인가.

탑전 옆에는 홍매가 웃고 있다. 얼마나 많은 귀족이나 민중들이 쌈짓돈을 털어 대가람을 세웠을까. 그렇게 떵떵거리던 위세는 어딜 가고 달랑 탑 두 개만 멍청하게 서 있는 건가. 이럴 땐 나무아미타불이 절로 나온다. 후렴까지 관세음보살을 하고 나면 저 탑도 곧 성불하지 않을까 싶다.

옛 단속사 경내에 있었던 육백 년이 넘은 매화나무는 세월 탓인지 오늘 와보니 와병중이다. 일할도 안 되는 가지에 손가락으로 헤아릴 만큼 눈물겨운 매화꽃 몇 송이 달려 겨우 매화나무 표시만 내고 있다. 늙은 매화나무님 전에 사진기를 들이대기 민망하기 짝이 없다. 이럴 줄 알았더라면 알부민이나 박카스라도 한통 들고 오는 건데 미안하고 송구해서 죽는 줄 알았다.

세월과 풍상 앞에 어떤 존재도 장사 없다 하더니만 작년까지만 해도 화사하게 나무 전체에 달렸던 매화꽃이 어찌 일 년 만에 저렇게 폭삭

늙어 버렸는지 남명 조식 선생이 이 광경을 보신다면 뭐라 하실까 아마도 이명박 각하께 상소문을 작성하시지 않을까 싶다.

'명박 각하 신 남명이옵니다. 워낙 긴박한 사안이라 문안 여쭙는 인사는 생략 하더라도 불경으로 여기지 마시고 신의 소청을 들어 주소서. 지금 바로 정당매를 살려 내옵소서.'

그 아주 옛날 남명 조식 선생이 이 정당매 아래서 유정 대사를 만났다가 작별 할 때 유정 대사에게 준 시 한 수가 있다.

증산인유정贈山人惟政

화락조연석花落糟淵石
춘심고사대春深古寺臺
별시근기취別時勤記取
청자정당매靑子政堂梅

산에 사는 이가 유정에게 주다

단속사 연못 같은 수곽에도 매화꽃이 지는구나.
이끼 서린 옛 절 누대에도 봄은 깊어만 가고
이보게, 특별히 적어 기억해 두겠다네.
정당매 살 올라 청실 무렵 우리 다시 만나세.

入此門內 莫存知解

| fourteen |

연화산 옥천사

옥천사 입구에 도착하니 바위를 기다랗게 깎아 세워 놓고 '입차문내 막존지해'라고 써 놓았다. 저게 무신 말인가. 요 문안에 들어와 설랑 짝다리 짓지 말고 대가리 쳐들지 말라는 얘기다. 한자 한자 풀어 볼까.

입차문내 막존지해入此門內 莫存知解

'경고하겠는데 산문 안에 발 들어 놓은 순간부터 어느 누구를 막론하고 까불지 말라. 중들이 이리 살든 저리 살든 있는 그대로만 보고 하라는 대로만 하거라. 그래야 삼족이 무고할 테니 좀벌레 만큼 아는 네 머리통 속 지식 나부랭이 가지고 이리 저리 씨부렁거리면 터진다. 알겠냐.'

이런 뜻이다. 뻘겋게 칠해 놓은 이유가 바로 그런 것이다. 경고문구 같은 거 보면 적색으로 칠해 놓고 겁주는 거 예사 아니던가.

속력 좀 줄이고 운전대 얌전히 잡아야겠다. 아까 올 때 원지 삼거리에서 짭님한테 잡혔다.

– 안녕하십니까? 면허증 좀 까 주이소.

– 여기있습니더.
– 아이고, 시님이십니꺼.
– 그렇소.
– 어디에 계신데예?
– 백운동 약수암에 있소.
– 벨트 착용 하이소 오늘은 봐 드리겠씸더.

간혹 안전벨트도 안 하고 돌아다니기는 한다. 벨트하면 갑갑하고 소화가 안 된다. 그간 느슨하게 늘어트리고 걸치긴 했는데 오늘은 깜빡했다. 면허번호를 무전기로 찍혔으면 본서로 달랑 잡혀갔을지 모른다.

입차문내 막존지해를 지나니 벌써 산문이다. 현판에 연화산 옥천사라고 쓰여 있다. 천왕문을 접어드니 삼가 조심스러워진다. 사천신장님들 잘 계셨지요. 좀 들어가렵니다 하고 인사를 드리고 절 안을 보니 천년고찰의 아름다움에 눈이 확 뜨인다.

연화산 옥천사! 천년만년 고찰이 참으로 훌륭하다. 우리 중들은 기본이 이런 기와구덩이에 사니 보통 귀한 게 아니지.

– 어이, 처사 우떤노. 비둘기 집에 살다 이런데 와 보이 동공이 발랑 열리제?
– 시님, 이런 탑은 왜 세웠을까요?
– 처사, 중들이 할일 없어 세우겠나. 다 이유가 있지 처사 같이 멍청한 놈들 지옥 안 보낼라꼬 미리 방침해둔기다. 발걸음 소리 내지 말고 손은 두 손 모아라. 그라고 고개 팍 숙이고……. 요기가 왕형님 집무실

이여. 마침 왕형님 안 계시기 다행이지. 파딱 보고 내려 와라. 그거서 깔작거리다 죽어 나간 놈 한둘이 아이다. 수호신장이 얼매나 무서분지 모르제. 어이 삼배는 하고 나와라 무서봐가꼬 옳게 보도 못하고 나오면 아무 약효가 없다. 빨랑 절이나 하고 온나.

연화산에도 물이 들었더라. 허심한 가을 물이 가득 들었더라. 마음이 흔들흔들했다. 고성 앞바다에 나가 바닷바람 한 사래 시켜놓고 실컷 바다나 보고 와야겠다. 연화산 가을바람을 애인삼아…….

| fifteen |

벗

어제 어스름 저녁 진주엘 다녀오는 길이었다. 나는 운전 중이었다. 너무도 오랜만에 대학 친구 상근이가 따르릉 전화 왔는데 처음에 누군지 몰라 누구십니까 하고 반푼이 같은 짓을 했다. 팔공산 시절 통화하고 아니 했으니 그럭저럭 칠팔 년이 지났다.

나랑은 동감이 많은 친구다. 생긴 건 변강쇠, 임꺽정, 장길산 쯤으로 생겼는데 참 고마운 친구다. 학창 시절 내게 아니 얻어터진 친구가 몇 되겠냐마는 상근이에겐 참말로 미안하다. 한 번 날려 버린 주먹으로 이 친구가 일주일 동안 학교를 못 나왔으니 그 맷집 좋은 친구가 얼마나 많이 상했는지 지금도 미안한 마음이다.

상근이는 졸업장이 한 개 밖에 없다. 물론 지금은 두 개지만……. 국졸로 대학엘 들어 온 사나이다. 그렇게 시원찮은 대학은 아니니 참 대단한 놈이지. 대전에서 고위 공무원으로 있다. '상근아 도둑질 많이 해 절이나 하나 지어라. 늘그막에 같이 살게'라고 농담을 던져도 웃고 말 놈이다. 그 놈은 줘도 안 받을 놈이란 걸 나는 잘 안다.

군포에 계시던 유일한 혈육인 엄마도 저 세상으로 가고 지 혼자 달랑 남아 대전이 고향이라 생각하고 지금껏 산단다. 생긴 건 뭣같이 생긴 놈이 처덕은 많은 놈이다. 마누라 참말로 잘 얻었다. 경기도 촌놈이 합천호에 놀러 왔다 합천 유지 딸내미를 꼬셨으니 상근아 훌륭하다.

'새벽종이 울렸네. 새 아침 밝았네.'를 불렀던 시절의 박정희가 젤로 좋아할 근면하고 성실하고 낙천적인 상근이는 아마도 전쟁이 나도 변함이 없을 거야. 그리고 더 중요한 건 어릴 적 불우한 환경을 탓하지 않는 건설적이고 능동적인 타고난 성격과 기질은 타의 추종을 불허한다. 버스 회수권 한 장으로 학교를 다니며 살았던 놈이니 결혼 이후에도 당연히 가정적이고 마누라만 바라보고 사는지라 주변 친구들이 모두 등을 돌렸다는 소문을 나도 들었지. 요즘은 아예 합천 장인 장모님을 대전에 모셔다 함께 산다는데 그런 우리의 건아 상근이가 땡중 만나러 지리산에 온단다. 이제 상근이놈 땜에 내 산방이 봄부턴 좀 소란할 것 같다.

지리산이 좋아 종종 산을 타러 여기 왔다는데 상근이는 아직도 내가 팔공산에 있는 줄 알았단다. 어제 주말에 직원들이랑 야유회 갔다 소주 한 잔 걸치며 땡중 생각이 났단다. 그래서 술자리에서 전화 했다는데 쏴하게 술 화력이 올랐는지 외롭고 내가 부럽단다. 자기도 외로울 때가 많다고 한다. 외로울 땐 혼자 골방에 쳐박혀 외로움이 풀릴 때 까지 외로움을 즐기면서 외로움을 털어버린다고 꼼지락 꼼지락 내게 아양을 떤다.

아……. 냄새 나는 중년 가장 놈이 징그럽게 오늘같이 술 한 잔 적실 때가 바로 외로움을 턴 날이라고 하면서 내게 묻더라. 넌 중이라 외로움 같은 건 없을 거라고. 내가 답 대신 이렇게 얘기했다. 지리산 올 때 혼자 오지 말고 네 아는 아줌마들 좀 데려 오면 난 외롭지 않을 거다. 꼭 데려 와라 상근아. 상근이 전화를 끊고 나는 킬킬 웃었다. 지리산도 따라 웃더라.

[sixteen]

멱심覓心

이른 겨울 아침 헛기침 한 번 하고 찬바람 맡으며 까치야 안녕 까마귀도 굿모닝하면 상쾌한 하루를 열수 있다. 이런 아침 시간은 돈으로도 살 수 없는 행복이지. 게다가 발꿈치 몇 발만 내딛어도 산과 계곡에서 솔향기 가득한 바람이 불어오고 하늘은 하얀 눈웃음을 듬뿍듬뿍 던져주는데 이런 행복을 마다할 사람이 있을까. 아침 산책길에 서걱거리는 눈길을 밟아가며 이런 생각에 잠겨봤다.

철학은 앎에 대한 지혜에 불과하고 지성은 현학적인 자기자랑의 궤변일 뿐이지. 지금 제 자신이 잘나가는 줄 알고 앞으로만 달리지만 브레이크 없는 삶이란 얼마나 허무한 것인가를 모르고 있는 것이다. 많이 가지고 많이 안다고 세상을 다 품은 듯 허세작렬이지만 몰라도 한참 모르는 소리다.

세상에 관심을 두든 세상밖에 관심을 두든 종류만상種類萬像 가운데 무엇을 화두로 잡아야 할지 생각해 볼 일이다. 진정, 우리가 깨달아야 할 것이 무엇인지 생각해 보면 알게 된다. 알면 보이고 보이면 보이는 만큼 사랑하게 되는 것이 아니던가. 부모를, 자식을, 애인을, 친구를, 벗을, 공부를, 경제를, 자연을……. 그 무엇이 되었든 간에 진정성을 가지고 사랑하게 되면 그것이 '도'고 깨우침에 이르는 길이 되지 않을까.

요즘 나는 지리산의 무채색에 빠져 있다. 저번에 왕초 네가 보내준 카키색의 밀리터리 야전상의는 내 겨울수행에 따끈한 보온밥통이 되어주고 있지. 무채색의 지리산과 내 카키의 야상이 보여 주는 눈 위의 겨울 스케치를 상상해 봐라. 잉글리드 버그만이 나랑 영화 찍자고 달려올 판이야.

다만 단순 소박한 내 일상에 시끄러운 도전자가 나타나 사사건건 비위 상하게 하는 일이 잦아 그게 걱정이다. 가뜩이나 기름기, 지방이 모자라 비쩍 마른 내 몸은 곧 비비안리의 허리를 능가하게 되리라는 사실이다.

왕초, 네가 시봉한테 말 좀 해줘라. 도저히 내 언어로는 한계성이 느껴져 더 이상 대화나 타협이 불가능한 상황이다. 이러다 따뜻한 봄 하늘 진달래를 기약하기 힘들지도 모르지. 시봉이 신경 더 건들면 내가 나를 제어 못할 수도 있고 퍽 소리 나게 한 대 쳐 버릴 수도 있어. 네가 저 외계인 시봉의 습의사가 되어 주길 당부하는 바이네. 군기 좀 확실히 잡아 줘.

왕초, 진주에 언제 한 번 내려 온나. 진주 기생이 직접 비벼주는 진주비빔밥 대접할게. 촐싹한 여인네가 깨 같은 정 쏟아 부어 비벼 주는 그 비빔밥 걸작이다. 맛보려면 오시게. 어제는 그믐, 오늘은 초하루, 꽁꽁 얼어 있는 지리산 백운동 법당에서의 초하루 기도법회에 손과 발이 지금 다 얼어 있다.

오늘 몇 쪼가리 염불도 입이 쩍쩍 붙어 염불소리가 늘어진 테이프 같았을 거야. 종이컵에 타 마시는 맥심모카골드 한잔이 사타구니 까지 살살 녹여주네. 지금 두 잔째다.

멱심 같은 맥심으로 추위를 녹이며 다시 수행의 고삐를 쥔다. 지리산의 자연이 주는 행복에 고마워하며…….

| seventeen |

문밖은 가을인데

문밖은 잘 단장된 가을인데 나는 이 계절을 얼마나 맛없고 멋없이 지나치고 있는가. 하늘아래 휘황한 꽃비는 푸지게도 내리는데 임은 천리 밖에서 생트집을 잡고 격노해진 내 속은 아무도 모르게 타고 있다.

감 딴다고 오금 저리도록 이 나무 저 나무 탔더니 저녁때가 되니 목이 빼근하고 뒤틀리는데 총무는 출출해진 남의 속 걱정도 없이 제 의견이 옳다고 비비작대며 개떡같이 얼어 빠진 만두를 구워 먹자 한다.

– 아니 도대체 이기 무신 만두요. 만두 아이스께끼구마. 만두를 우찌 보관해서 이 모양 이 꼴아진가?

– 아니에요. 스님 원래 그랬어요.

– 아이 총무보살 이리 얼어빠진 걸 뭘라 사요? 똥개새끼도 냄새 한 분 맡고는 안쳐묵을거 같으거마.

잘못 됐으면 바로 바로 사과하고 반성 해야지. 묵묵부답에 쪼잔하게 그것이 뭐 대수라고 딱 고런 표정이다. 아무리 수행이 잘 된 사람도 그럴 땐 입에서 오염된 말이 나오기 마련다. 그런 구정물 같은 설거지 언어가 팍 튀어나오려고 한다.

– 아이 바라 총무 이걸 쳐 무라꼬? 니나 많이 닭아 묵어라.

– …….

– 잘했나 못했나?

– 잘못했어요.

이제 서울 말씨는 지긋해진다. 사실 총무보살 스타일이 서양식 스타일이다. 와인에다 치즈 비스킷 쵸콜렛 아이스크림 온갖 열대과일과 그리고 예술성 귀족성 겉치레로 치장된 서울스타일인데 비해 나는 잡식성이다. 한마디 딱 부러지게 말한다면 빨치산 스타일이지. 산과 들 그리고 강에서 야생을 누비며 사는 원시적인 스타일이다. 문명과 담을 쌓고 예술은 무엇에다 쓰는 물건인지도 모르고 문화라야 움집 수준이니 총무보살과 나는 도저히 어울리지 않는 극과 극이다. 좌우간에 그간 당한 멸시와 수모를 이번에 한방에 날려버렸다.

– 총무! 절간에서 뭐 배웠노? 그 낫살 묵고 뭐 배웠노? 유식이니 개성이니 예술이니 그런 건 총무 혼자 있을 때 떨어라. 참말로 노는 것도 아트하게 놀고 있네.

– …….

– 진짜로 예술은 바로 나야. 나같이 사는 게 바로 명작이고 예술이야. 그래서 나는 말이다 예술 같은 거 필요가 없는 사람이야. 나처럼 사는 게 참한 예술인거 모르나.

총무는 속으로 한참 나를 욕했으리라. 문디 보리문디 같은 중놈이라고. 속으로 나를 까고 또 깠을 것이다. 그래도 괜찮다. 내 보리문디같은 중놈이면 어떻고 아니면 어떠랴.

문밖은 가을인데 아직도 한심하다. 내 자신이 개떡이면 어떻고 찰떡이면 어떠랴. 주는 대로 군소리 없이 받아먹고 살면 이 한생 흡족할 텐데.

일체유심조로 살면 다 될 일들을 언제 어디서나 마음먹기 마음 씀씀이에 따라 행과 불행이 갈라지는 것인데 복을 구하고 맑은 영혼이길 갈구 한다면 범사에 감사한 마음으로 겸손하게 살아야 되겠지……. 한바탕 뒤집어엎은 마음 밭에도 가을이 깊다.

| eighteen |

솔향기

회자정리會者定離 만남과 동시에 이별은 정해져 있다. 그렇다면 이자정회離者定會 이별한 자 만남도 기약 되어져 있다는 말이겠지. 회자정리는 납득이 가는데 내 경험으로 볼 때 이자정회는 좀 이해가 가질 않는다. 이게 맞는다면 이혼한 사람들 전부 다시 만나 새살림 차려야 하는지 모르겠다.

왜 이런 글귀가 떠올랐던 걸까? 한가위라서 그런 생각이 났을 것이다. 황사처럼 뿌옇게 흐려 있는 산으로 오후 산책을 나섰다. 오르는 길목 산새소리는 저음이었고 물소리는 더욱 더 그랬어. 솔가지에서 솔잎 몇 개 훑어 주머니에 넣었다. 그리고 하나씩 입에 넣어 씹었지.

송편 맛이 났다. 한가위의 송편 맛이 솔잎에서 났다. 세상에 나 같은 불우 이웃을 제외시켜 두고 이웃돕기를 한다니 기가 찰 노릇이다. 정말 쩨쩨한 중 되기 싫어서 꾹 참고 솔잎만 꾹꾹 씹어 먹었다. 눈물의 빵을 먹어 보지 않은 자 인생을 논하지 말라 했지. 시금텁텁한 솔잎을 씹으며 눈물을 훔치지 않는 자 수행을 논하지 말거라.

솔잎 아래 핀 구절초가 그래도 내 마음에 위안을 준다. 방실 방실 웃어가며 내게 이런다.

– 시님, 나이가 몇인데 떡 한 쪼가리 가지고 인생을 비관하고 그래요. 이참에 아예 떡 방앗간이나 차려 보는 게 어때요.
– 그것도 괜찮은 제안이다. 방앗간이나 열어볼까 떡이나 한 번 왕창 먹어보게.

한참을 생각하다가 내린 결론은 아무리 구상해도 자본금이 없어 방앗간 사업은 없던 걸로 결론지었다. 떡방앗간보다는 여기 지리산의 솔잎향이 더 좋다. 구절초가 더 좋고 말없이 수행하다가 실없이 한 번 송편 생각해 보는 게 훨씬 좋다.

송편 생각을 접고 다시 산책을 하고 있는데 명감열매가 눈에 들어온다. 색감 하나 뛰어나다. 도대체 이런 색소들이 어디 숨어있다 나오는지 신기하기만 하다. 두꺼비까지 홍가사를 두르고 세공되지 않은 자연의 미를 뽐내고 있다. 정말 영묘하다.

솔잎향 가득한 한가위 기분을 폭포수에 씻어내고 숲길을 지나며 발걸음도 가벼워졌다. 머릿속에는 가을 시심이 더욱 풍성해졌다.

| nineteen |

금산 선생님

젊은 한때 글 읽는 선비가 되고 싶었던 적이 있었습니다. 산곡 허룩한 초막에 앉아 글 읽는 선비의 모습이 참해 보여 닮아 보고 싶었고 좀 유식해 지고 싶은 경박하고 방정맞은 맘도 있었지요. 한 삼 년만 산속에 들어가 한학공부를 해 보려고 집안 어른께 말씀 드렸던 적이 있는데 애매한 소릴 듣게 되었습니다. 한마디로 난리가 났지요.

제각기 갈 길은 속일 수 없나 봅니다. 선비는 못되어도 산새소리 듣는 중은 되었으니 갈 길을 간 거지요. 하지만 지나고 보니 후회막급입니다. 어려운 분께 글 올릴 때마다 머릿골에 먹물이 모자라다 보니 늘 소중한 선생님들께 우를 범하곤 합니다. 맘은 있지만 행여 웃지나 않을까 하여 편지글 제대로 올리지 못하는 무례함을 오늘은 몇 자 부끄럼 무릅쓰고 금산 선생님께 안부인사 올렸습니다.

금산 선생님 제가 마음 없음이 아니라 많이 부족합니다. 이젠 공부에도 늘 두려움이 앞서고 세상일에도 그러합니다. 게으른 산중 한량을 너무 탓하시지는 않으시겠지요. 배움이 부족하여 아직도 회한이옵니다. 자신을 염탐 당한 사람은 이내 부끄러워지게 마련이지요.

많이도 그렇습니다. 확실히 공부는 젊은 날 해 두어야 합니다. 한 살 더 먹기 전에 금산 선생님 늘 청안하시기 바랍니다.

| twenty |

미개구착未開口錯

나이 들면 옹이가 생겨 말이 잘 통하지 않을 때가 있지. 그런데 제 탓보다는 남 탓 할 때가 더 많다. 모순이다. 체면 때문일까. 고정관념 때문일까. 답답해진다. 냉수를 찾을 때도 많다. 속열이 부글부글 끓어오른다. 말이 통하지 않으니까 진실은 외딴 섬이 된다. 나오는 게 전부 헛말일까봐 그렇게 다져지고 딱딱해지면 주둥이에도 각질이 생겨 절로 입이 봉해져 버리고 마는 법이다.

싯달 태자가 왜 출가를 하고 난 왜 가출을 했느냐? 말이 안 통해서다. 갑갑한 인간의 굴레에서 탈피하고 싶어서다. 어떤 이들은 도피 아니냐고 빈정거리기도 하지만 비굴과 용기의 차이는 여기서 나온다. 빈정거리는 놈 대다수가 가출을 꿈꾸면서 실행으로 못 옮기는 자들이다. 이 논리에 의하면 가출자 용기남勇氣男 불가출자 비굴卑屈놈으로 결론지어진다. 가출하는 놈보다 가출 안 하는 놈이 더 많은 세상이다. 세상엔 비굴한 자들이 너무 많다는 사실이다.

왜 이런 말을 하느냐 하면 말은 입에서 나온 순간부터 선전포고와 같은 것이기에 방아를 찧지 말고 조용히 살자는 얘기다. 부처란 양반이 무엇 때문에 공空함을 알라 했는지 살아가는 날이 깊을수록 난 그 말에 묘한 매력을 느낀다.

그래서 난 그를 선택했다. 우리의 보스로 지금은 큰형님으로 모시고 살고 있다. 허도虛島의 섬에 갇힌 답답한 놈이라 해도 별 상관이 없다. 바람처럼 머물다 바람처럼 흔적 없이 사라지는 게 인간의 생이니 아쉬울 것도 애탈 것도 없다. 어차피 인생이란 발가벗겨 놓으면 다 똑같은 거 아니겠는가. 고상한 척 체면 떨고 잘난 체 하는 사람일수록 내면엔 구정물로 얼룩진 이가 많다.

근래 자아도취에 빠져 허우적거리는 어느 한 인간의 세계를 바라보며 환멸이 일었다. 도를 도라고 하면 이미 도가 아닌데 세상은 도가 넘치고 도인이 넘쳐난다. 어줍잖은 인간들을 보면 아이구 하느님 부처님이 절로 나온다.

소나무 아래서 놀고 있는 동자만도 못한 사람들이 가엾다. 입으로 만들어낸 오탁지옥五濁地獄 끊어 버려라. 모든 것이 헛되고 헛된 헛소리임을 뉘가 알까…….

| twentyone |

사는 게 뭐냐고

새벽이슬과 더불어 자리에서 일어나 솔바람 한 잔 마시고 도량을 돌고나면 새벽은 연보라색으로 산 숲을 덮는다. 간혹 내게 묻는다. 외롭지 않느냐고.

글쎄 뭐라 대답할까! 날씨가 궂을 때도 있고 맑을 때도 있는 거 마냥 인간사 그런 거 아닐까. 비 올 때 우산 쓰고 맑은 땐 썬크림이나 양산 쓰고 다니지. 외롭다 외롭지 않다 같은 것은 그런 것이다. 불가에선 분별심이라고 하는 아주 나쁜 독소로 보는데 하지만 인간은 누구나 외로운 존재야.

어떤 미인을 데리고 살아도 외롭고 어떤 미남을 데리고 살아도 결국 외로운 거지. 외로움이란 근원적인 것이다. 그 외로움과 이별해 보려고 머리를 깎기도 하고 산속으로 들어오기도 하지.

그래도 내게 또 묻는 이 종종 있어. 사는 게 뭐냐고. 난 또 이렇게 말하지. 사는 거 별것도 아녀, 그냥 그렇구나. 아! 이런 거구나. 이게 사는 거라고……. 원래 외론 존재가 나란 말이여. 누구나 이 외로움이란 녀석과 친해져 친구삼아 그렇게 살다보면 나처럼 군살이 박혀 덜 느껴지는 것이지. 아니 못 느낄 때가 많지.

그래도 외로움이란 녀석에게 덜미가 잡히걸랑 책을 보든 명상을 하든 일기를 쓰든 영적 에너지를 뭔가 창조적이고 정신적인 삶으로 전환해서 살려고 노력해봐. 그러면 외로움이란 녀석이 저만치 도망가 버릴 거야. 하루 이틀 그런다고 되는 일은 아니야. 최소한 일 년 이상 외로움이란 녀석과 대적해서 이겨야지 자신의 변화 모습을 스스로가 느낄 수 있는 것이지.

오늘 산에 가서 산마를 캤는데 산마라는 놈은 봄 한철 아주 느리게 싹을 내지. 줄기에 힘이 없어 홀로 서질 못하는 식물체야. 그래서 옆에 뭔가 있어야 줄기를 창창 감아 생존하는 것인데 사회생활 하면서 만약 이런 산마 같은 놈이 옆에 있으면 얼마나 귀찮겠어. 그래도 수목들은 이놈의 새끼 하면서 무시하지 않고 감싸안으며 공존하면서 살지.

이런 걸 보면 이 세상 우리가 사는 세상 미워할 놈 하나도 없음을 알 수 있지 않을까. 인간이란 이런 게야. 외로움도 미움도 다 자기 자신이 만들어 내는 것이야. 그걸 유식한 말로 뭐라 하냐면 착심着心이란 거야. 그놈 착심만 제압 시키면 세상은 새롭게 다가서는 법이지.

요즘 돈이 신神이라며 숭상하는데 과연 그럴까. 있는 놈은 있어 걱정 없는 놈은 없어 걱정이지. 그럼 어느 놈이 더 걱정꺼리가 많겠냐 말이야. 있는 놈이 더 번뇌 치성인 게야. 있는 거 지키려면 얼마나 힘들겠어. 누리고 사는 만큼 힘든 게 정석이야. 그러니 있는 놈 부러워할 것 하나 없어.

제 인생은 제가 다 사는 법이다. 사는 거 아무리 물어봐도 정답은 없

어. 그저 별것 아니라는 것이 속편한 정답이여. 그래도 그댄 내 보다는 낫지 않은가. 하루 한 끼 먹고 절간에서 온갖 일 다 하며 살아도 난 말이야 군소리 안하고 사네. 이렇게 사는 것도 어딘데 감사히 살고 있단 말일세.

많이 가지지 않아서 난 걸림이 적어. 그래서 행복해. 난 지금 건강해서 또 행복해. 신의 가호야. 난 복도 많은 놈이거든. 보약 한 첩 안 먹어도 이렇게 건강한 걸 보면 축복받은 놈이지. 난, 남을 괴롭히지 않았어. 피해 준 일도 없지. 그래서 잠잘 때 늘 두 다리 쭉 뻗고 자지. 이렇게 많은 복분과 이렇게 많은 자산을 가졌는데 행복하지 않을 수 없지.

그대, 그래도 산다는 거 또 물으면 정말 바보야. 실컷 이야기했잖아. 죽을 때까지 살아야 하는 거라고. 삶이란 몽땅 빗자루 같은 거야. 고무줄처럼 늘어나면 이것저것 다 살아보겠지만 사는 게 뭐냐고 물을 시간이 없을 만큼 짧은 거야. 그러니까 더 이상 묻지 말고 그냥 살아. 그냥 살아보면 알게 돼. 사는 게 뭔지를…….

|twentytwo|

먼 길

먼 길이었다. 그때까지 산으로 간 이유를 묻는 이는 없었다. 한 번의 출가와 그리고 하산. 두 번째 출가와 그리고 온전히 산에서 한 해 두 해 세월을 지웠다. 두 번 다 계절은 적막한 삭풍의 겨울이었다. 나는 왜 처음 떠나기로 작심했던 것일까?

미리 예정된 일이었다. 군대만 제대하면 가야지 했는데 남은 학기의 미련이 남아 졸업이나 하고 가버리자 했다. 그런데 또 발목을 잡는 세속사에 그 모든 걸 정리하고 산으로 가는데 십 년이 걸렸다.

그간의 행보는 먼 길이었다. 지리산에서 가야산으로 가야산에서 팔공산을 지나 금정산으로 그리고 남해 금산 망운산을 거쳐 다시금 지리산으로 그렇게 거쳐 오는데 또 십 년의 세월이 달아나 버렸다.

빼저렸던 시간에 대한 기억은 마음에서 잘 안 지워지는 법이다. 아직도 내 뇌리 속에는 풍성한 추억들이 가득하지만 과거를 생각한다는 것만큼 어리석은 짓도 없으리라. 그래서 좋은 추억도 나쁜 추억도 모두 덮어버리고 살아가고 있다.

지리산 웅석 산하 청계 호수에도 매실이 노랗게 익어간다. 이곳에 오면 여기 지리산에 입산해 지냈던 기억들이 오롯이 떠올라 간혹 내 사색의 울타리가 되어 준다. 춘하추동 이 산에서 뭘 찾고자 세월을 지키고 섰던가? 행여 이유 없이 빈 시간만 까먹고 살진 않았을까.

– 스님, 법당 향기 같이 그렇게 평화롭고 자애로운 좋은 스님 어디 없을까요?
– 보살님, 소승을 제외하고는 모두가 다 좋은 스님들이지요. 허허……. 저를 두고 놀리시는 거 같네요.
– 스님은 뭣 때문에 출가를 하셨나요?

뭣 때문에 출가를 했느냐고 물어온 어느 보살님 물음에 나는 딱히 할 말을 잃었지만 속으로 이리 대답했다. 훌훌 자유롭게 살아가고 싶어 산으로 왔다고, 청산에 흰 구름이 머물 듯 내 자리 바르고 내 마음 청정해지는 날이 내 출가의 답일 것이라고, 이 산중을 오가는 모든 이가 바로 부처가 아니던가. 법당 향기처럼 자애로운 스님이 어디 계신지 모르지만 내 살고 있는 지리산이 자애로운 스님이고 부처라는 것은 알고 있다. 자기 마음이 자애로운 스님도 만들고 불량 스님도 만든다는 걸 알 날이 오겠지.

황매산 자락의 유월이 싱그럽게 익어가는 날. 그 신록의 계절 위를 걷고 있는 내게 지리산 부처가 한쪽 눈을 찡끗하며 윙크를 보내고 있다.

| twentythree |

안부

봄이 오긴 오는가 보다. 여기 저기 스님들 연락이 오는 걸 보니 봄이 문턱까지 당도했나 보다. 혜일 스님이 산방에 다녀가셨다. 여수에 볼 일 있어 지리산 들러 가신다고 차담 나누며 그간 이런 일 저런 일 찻잔에 녹이며 맑은 미소 나누었다. 가시면서 청허산방 맘에 쏙 드신다며 토굴 한 채 빌리자 하신다.

– 간혹 한 번씩 와서 쉬고 구상도 할 겸 토굴하나 구해 주시오 시님!
– 시님. 이런데 와서 우째 사실라고요. 이 토굴이 제 것이면 드리겠는데 제가 주인이 아니라 뭐라 드릴 말씀이 없는데 어쩝니까.

청허산방에 여섯 채가 있긴 하다. 그 중 서너 채는 내 독단으로 맘껏 사용할 수 있는 부분이지만 사람은 너무 가까운 거리에 살다 보면 정의가 멀어질 개연성이 있는 법이다. 의와 정이 깊을수록 삶의 공간을 멀리 해야 오래 가는 게지. 그래도 스님은 꼭 그렇게 해 달라고 자꾸 부탁을 하신다.

– 그럼 시님 제 소원도 들어 주실 랍니까? 이제 봄차 만들 철인데 참하고 말 잘 듣고 수행 잘 할 보살 하나 구해 주시면 산방 하나 드릴 테니 그렇게 해 주실 랍니까?

이렇게 말씀 드리니 스님은 잠깐 생각 중이다. 근데 어디 보살 구하기가 쉬운 일인가. 아마 스님의 생각은 이 토굴을 내려가서도 계속될지 모를 일이다.

그나저나 오늘도 일은 많다. 오전 나절에는 토굴 아래 산방펜션 주인이랑 별장 주인이랑 물싸움이 나서 그 놈의 싸움 뜯어 말리느라 오전이 후딱 가버리고 오후엔 멀리서 찾아오신 스님이랑 차담 하느라 해 저물어 버렸다.

해 저물고 나서야 밀린 빨래가 있어 개울에 나가 빨래를 하니 하루해가 쪼딱 가버린다. 콸콸콸 쏟아지는 요란한 계곡물로 우당탕탕 빨래를 하는데 손전화 벨소리가 울린다. 젖은 손으로 꺼내 보니 오랜만에 사형인 홍신 스님의 전화가 왔다.

– 스님 우째 사시는교. 전화를 해도 안 받고 죽었는가 살았는가 걱정돼 죽는 줄 알았다 아닌교 왜 전화를 꺼놨는교?
– 묵고 사는기 고달파 전화기 모이를 안 줬더니 전화기 회사에서 끊어버렸다 아이요. 서너 달 밥값 안줬더니 겨우내 전화가 안됐을끼라요.

그간 못한 얘기 이리 저리 실컷 떠들고 나니 날이 어둑해져 남은 빨래를 어찌 헹구고 왔는지 모를 일이다. 봄꽃 필 무렵 산방에 나 보러 온다는데 오면 한 며칠 뽀송한 시간을 보낼 수 있을 것 같다.

봄날 하루가 짧고 아쉽다. 꽃비 내리는 올 봄에는 산방에 흐뭇한 미소가 번질 것 같은 예감이 든다.

| twentyfour |

풍경에게

어제는 안거 한철에 남은 독거살이의 묵은 때를 들고 냇가에 나가 검은 빨래 흰 빨래 구분 없이 빨았다. 아직도 어금니가 뿌득 갈릴 만큼 손가락 마디가 시리다. 너무 무거운 짐짝을 매고 화두 하나 지랄같이 잡고 늘어진 탓에 육신의 골육도 정신의 총기도 다 빼앗긴 탓인지 요 며칠 감성과 느낌도 무기공無記空이다. 그냥 멍하니 묵연무언默然無言이 찾아들어 내가 나를 알지 못하고 살았다.

풍경아. 너는 벌써 속바람 쐬러 방생을 다녀왔다지. 팔짝 팔짝 고무줄놀이 하는 계집애처럼 얼마나 좋았겠니. 가히 상상만 해도 네 입가의 미소를 내 짐작 할만하다. 게다가 총애하는 처사가 미리 지프차까지 준비하여 널 가이드 했으니 금상첨화였겠지. 그리고 해풍을 벗 삼아 마신 소주 안주가 대단했다지. 낙지 대가리가 쇠대가리 만했다며……. 아무튼 이른 봄의 섬 여행이 네 영육의 보약이 됐다면 그것도 네가 쌓은 공덕에 대한 대가라 생각된다.

여행 다녀 온 지 하루도 안 되어 또 시내에 나가 어느 처사 어느 보살하고 밤이 늦도록 곡차를 받아먹었는지는 몰라도 깊은 산에 깃들어 생일 미역국 한 그릇 못 얻어먹고 사는 땡중도 있단다. 귀한 곡차 한잔을 마시면 그간 닦은 수행의 법문이 쏟아져 나와야지. 남의 허점이나 속 뒤집히는 소리만 울려 퍼져 나오고 그렇게 버리고 지우라는 시비와 분별심은 세속인 보다 더하니 날이 갈수록 그대의 한심도 나와 동격이라 도반으로서 못내 가슴이 아프다. 불전에서 곡할 노릇일세.

풍경, 그래 가지고 자네가 절 처마에 걸린 그 풍경이랍시고 쨍그랑 대고 다닌다 말이냐. 마섭이 들어 그런 건 아닐까. 언제 구병시식救病施食이라도 한번 쳐 줄까? 생사해탈의 원대한 꿈을 꾸는 재목은 못되더라도 한 생 오가는 길은 알고 뒈져야 한은 없지 않은가. 개자식 소새끼 해도 좋고 똥개새끼라도 다 좋아. 그 소리 듣는 건 당연하지.

어느 생에 내가 개, 소, 말, 닭 한 번쯤 안됐다는 증거는 없으니 당연한 소리일 게다. 그럼 넌 뭐냐? 넌 원숭이새끼 아니냐. 풍경, 너는 자신이 원숭이새끼였다는 것도 모르면서 막 쳐 떠드는 거 아니었어? 원숭이나 개나 소나 오십 보 백 보 아닌가. 난 내가 뱀새끼였다는 것쯤은 알아도 입 다물고 산다.

풍경아 한 년 데려다 사는 놈이나 두 년 데려 사는 놈이나 다를 바 뭐 있겠나. 어차피 욕먹고 살 거 데려다 살려면 다다익선이 좋지. 그 보다 더 비길 데 없이 좋은 건 나처럼 그냥 혼자 사는 거야. 그게 최고야.

아픔 없는 수작秀作은 없는 것이야. 비평 없는 작품이 작품이겠어. 도력이 높아 가면 풍파도 많이 생기는 법. 아파도 그냥 나갈 뿐 더 이상 군소리는 적고 싶지 않지만 한 마디는 해야겠다. 야심한 밤 원숭이 울음소리에 산 모가지가 다 어지럽더라.

풍경아, 아픔 없이 자를 수 있는 게 뭔 줄 아시나? 그대 머리통 위에 돋은 번뇌초인 머리카락이다. 내 언제고 삭도로 싹둑 자를 날이 있을 것이다. 그날을 기다리련다.

지리산의 자연본색

|지리산 토굴 인연|

|지리산 유명계곡에서|

|운리둘레길|

|중산계곡|

|구절향을 찾아서|

|팔자 좋은 날|

|시월을 보내며|

|입동|

|목욕하러 가자|

|죽림십리|

|허니HONEY|

|정숙靜肅씨|

|지리산순례-율곡사|

|지리산순례-심적사|

|지리산순례-천왕사|

|지리산순례-대원사|

|지리산순례-내원사|

| one |

지리산 토굴 인연

며칠째 곡기를 끊고 생수 한 모금 마셔가며 미지의 목적지를 향하고 있다. 사람의 흔적과 기억이란 무서운 것이지. 이곳에 올 때마다 두 도반이 떠올라 심열을 식히기에 내가 벅차진다. 풀뿌리를 캐 먹는 한이 있더라도 함께 하자던 아쉬운 도반들. 그네들의 영상이 물 위에 어리어 나 혼자 오랫동안 우뚝 머물러 있었다.

그래 도반이란 풀뿌리를 캐 먹어도 함께 나가는 것이지! 원칙만이 그래. 수행의 구비마다 몰아쳤던 보릿고개가 정말 힘겨운 세월이었지. 현실은 항상 원칙을 앞지르고 마는 법이다. 아직도 뭐가 아쉬워 저 지겨운 지리산 능선은 나를 부르고 있는지. 여기 와 수행 하라고 손짓을 한다.

뭘 먹고 수행하나 묻는 이도 있지만 나는 그저 웃을 뿐 이 지겨운 지리산 수행을 사실은 즐기고 있었는지 모른다. 이것도 병이라면 병이다. 그리 살려고 산을 택했고 수행을 택했다. 난 지금 내 한 몸 머물 수행처를 보러 다니는 중이다. 단속사 송림 샛길을 거닐며 또 한 번 추억과 상념들이 눈앞을 간질거린다. 호암동천 너른 들에는 벼가 자라고 봄 여름 가을 겨울 이 들판 저 개울 그리고 높은 저 산능을 그 얼마나 들락거리며 주린 배를 움켜쥐고 마음을 채찍질했던가.

늘 남겨지는 그 회한의 엄중한 의미는 무엇일까. 어둠에 가려지는 백운동천의 한 철 한 철을 그리 살다가 두 해가 가버렸지. 그 길을 스치며 지났다가 중산리에서 기도 마치고 웅석봉으로 가는 길에 다시 들러 오밤중 혼자 칠흑같이 어둔 백운계곡을 훑어봤다.

약수암은 불이 꺼져 아직도 주인이 없는 모양이고 아래 별장도 주인이 없기는 마찬가지다. 예나 지금이나 그 옛날의 모습을 고스란히 간직하고 있었다. 아, 저곳에서 얼마나 많은 시험과 상흔을 거쳤던가. 지옥과 천국은 둘이 아니란 것을 느꼈던 곳도 이곳이다. 지나치며 기억에 지워지지 않는 사람들의 이름이 하나씩 떠오른다. 좋은 사람들, 웃기는 사람들, 닮고 싶지 않은 사람들, 사지와 이목구비만 갖췄다고 다 사람이 아닌 사람도 있었다. 모두다 공부였다. 힘에 겨울 때 마다 관세음보살로 다가선 분들이 맑게 그려진다.

조용히 산속 어둠을 마시며 한동안 고운 불빛에 마음을 태우며 기도 올리고 나니 지리산의 밤하늘엔 별빛이 너무나 맑게 빛났다. 중산리의 밤은 아직 반팔로 지내기엔 쌀쌀하게 춥다. 밤길을 달려 웅석산으로 들어가 또 한 차례 기도 올리고 새벽 별빛이 물에 아른거리는 곳에서 잠시 쉬어 가려고 바위에 걸터앉았다.

산속 계곡수와 대기 온도의 차이에 의한 물안개가 실루엣을 만들고 있었다. 저 물안개에 목욕을 하고 달맞이 향으로 얼굴을 단장한 후 산문을 내려오니 해바라기 미소가 한적하게 나를 반기고 있었다. 그 길로 지리산 자락에 있는 몇몇 암자를 밟고 용유당으로 길을 틀었다. 가만히 생각해 보니 세상천지에 이렇게 산이며 들이며 땅 천진데 이놈의 토굴

한 칸 장만하기가 어찌도 이리 어려운지 모르겠다.

하긴 쉽게 구해지는 건 수행이 아닐 테지. 그런 생각을 위안 삼아 토굴이 구해지는 그날을 위해 또 길을 떠난다. 길은 평온하다. 하지만 골짝마다 상업주의 근성이 밀려들어 어지간한 사람들은 전부 장사하러 들어온 외지인들이고 물 흐르는 계곡에는 전부 먹고 마시고 노는 펜션과 무슨무슨 가든 천지이다. 옛 인심이 사라진지도 오래이니 산골에도 돈이 없으면 살 수가 없다.

얼마 전 토굴 구한다고 속가 친누님에게 금전을 좀 융통해 달라고 부탁했다가 얼마나 꾸지람을 들었던지 모른다. 곰곰이 생각해 보면 누님도 틀린 말은 아니고 나도 틀린 말이 아니다. 무소유의 자세로 수행자의 길을 걷는 것인데 입이 백 개라도 다물어야지. 내 수행길의 구십 프로를 누님이 지원해 주셨으니 지금 토굴하나 구하지 못한다 해도 낙담할 일은 아니다.

이런 애타는 심사를 풀기 위해 영원사에서 상무주까지 홀로 명상의 기도 길을 택했다. 사정이 생겨 이쪽으로 오게 됐는데 가는 곳 마다 주인이 없다. 다들 더위 식히려 시원한 곳으로 피서 갔단다. 아주 인연 깊은 곳 용유당에도 문이란 문은 다 활짝 열어 두고 주인장이 없어 동네 할머니께 물어 보니 함양에 볼일 보러 갔다고 한다. 시원한 물 한바가지 둘러 마시고 땀을 식힐 겸 아무도 없는 암자 뜰안을 거니는데 문득 어느 스님의 얘기가 귓속에 메아리쳤다.

'스님요 제가 출가할 때 우리 모친이요 세 가지를 당부하데요. 하나는 절대 부처님 법 공부 외엔 하지 말고 정법 수행해라. 둘째는 이 어미가 죽기 전에는 고향땅 밟을 생각마라. 셋째는 신도들 등골 빼는 절을 갖지 마라. 그리 당부하데요."

스님 모친이 바로 관세음보살이고 큰 스승님이네요 라고 건네면서 진정 그 스님의 모친이 존경스러웠었다. 지금 그 스님 얘기가 내 마음 속에 피어오르고 있다.

팔월의 아침 암자 뜰엔 청도라지 만개해 있고 참나리도 주황으로 미소짓고 있었다. 지리산은 맑은 산 구름에 청학이 내려앉은 듯하다. 깊고 긴 골짝으로 다시금 한걸음 더 걸어야 할 듯하다. 용유당을 따라 반대 길로 내려왔다.

황매산 오도산을 지나 합천호가 내려 보이는 곳에서 잠깐 쉬었다. 가만히 생각하니 이 세상 내가 미워해야 할 것은 단 하나도 없다. 오히려 내가 옹졸하게 혼자 미움을 움켜쥐고 사는 건 아닌가 하는 생각에 내 스스로를 살펴보았다.

세상은 이토록 맑고 아름다운 것만 나에게 선물하는데 나는 이 세상에 나와 무슨 복덕을 짓고 어떤 공덕을 쌓아 회향했단 말인가. 걸음 닿는 대로 갔던 사연 많은 가야산의 품에 안기니 저절로 마음이 맑고 깨끗해진다. 홍유동 계곡 노송만이 늙은 향기로 나를 반기며 어서 오라고 두 손으로 안아준다.

자연은 그렇게 거기에서 언제나 자연스러운데 바쁘고 여유 없는 건 오직 사람이다. 사람만이 늘 부산스럽고 바쁘고 정처없다. 오랜만에 가야산 해인의 향기에 취해 본다. 잠시 법당에 올라 참회 삼배만 올리고 초연히 산문을 나와 홍유동 계곡을 홀로 싸돌아다녔다.

노송 아래 정자엔 몇몇 중년 여인네의 한가로운 담소가 정취를 더해주는데 나는 시원한 계곡물에 이마에 맺힌 땀을 씻고 맨발로 물속을 디뎌 봤다. 어찌나 시원한지 이 산을 내려가기 싫어졌다. 저 계곡물은 어딜 향해 저토록 거침없이 쏟아져 내려가는지 저 계곡물에 번뇌와 번민을 모두 다 던져 버리고 한생 이곳에서 물처럼 살고 싶어졌다. 오갈 곳 없으면 어떠리. 걱정은 걱정일 뿐이다. 다 내려 놓고 인연 닿는 곳으로 가자 그 곳이 내 삶의 수행터일 것이다.

가야산에도 가을 내음이 싹트고 있더라. 가을엔 새로운 토굴에서 청솔가지 그늘에 앉아 산바람 벗 삼아 글 띄우며 천천히 살아보자 했는데 이루어질지 모르겠다.

| two |

지리산 유평계곡에서

바랑을 지고 이 산 저 산 이 골짝 저 골짝으로 산구름 벗해 지낸 세월도 따지면 손가락이 모자랄 지경이다. 누군가 물어온다.

– 득도를 위해 도통을 이루려고 그리 사시우?
– 아니오. 자유롭게 사는 게 좋아서 그리 산다우.

세상의 자극과 욕망을 등지기 위해서다. 안 보고 안 들으면 만사 시비꺼리가 없으니 지천의 자유를 누리려거든 다 버리고 달랑 혼자 자연을 벗 삼아 살면 된다. 그 속에서 행동과 언어와 정신의 삼업三業을 삼가하면 탐진치貪嗔痴는 사라지고 깨끗한 물과 맑은 기운을 마시고 호흡하다 보면 도는 그냥 내 이웃사촌이 되어 곁에 있을 것이다. 그럼 나도 닮고 닮아져서 그냥 도인이 되는 것이야.

그러나 산에서만 수행이 되는 줄 아는 사람이 있다. 세상 밖에서도 자신을 다듬고 바르게 사는 것도 큰 공부요 수행이다. 사람마다 인연에 따라 처지와 입장에 맞춰 살면 되는 것이다. 수행이란 어느 곳이나 다 행할 수 있는 것인데 산속만 고집할 필요는 없는 것이다.

수행은 자신 스스로가 자신을 다듬는 엄숙한 의식이다. 그 의식을 치르는데 산문 안이면 어떻고 산문 밖이면 어떠리. 그대 머무는 그 자리가 최고 법당이요 최상의 수행처다. 어디에 머물든 순일하게 욕망과 성냄을 가라앉히고 잡념에서 벗어나 내면의 소리에 귀 기울이면 다 보고 들을 수 있는 것이다.

오는 이 가는 이 누구에게나 내가 권하는 게 하나 있다. 늘 하루 한 번씩 자신을 위해 기도 해야 한다. 단 오 분이라도 명상에 들어 자신을 돌아보라. 자기 자신에게 백일 동안만 그리 정성을 다해 기도하면 마음이 바뀌게 된다. 모든 건 자신의 안에 있는 것이다. 그리하면 무슨 일이든 잘 될 것이다. 건강도 사업도 사랑도 안 될 일이 없을 것이다. 이렇게 돈 안들이고 할 수 있는 금쪽같은 기도법이 많은데도 사람들은 자기 밖에서 방법을 찾는다. 자기 밖에는 방법이 있을 수 없다. 인생의 모든 문제와 해답은 자신 속에 있다. 깨우치고 얻으려거든 스스로 매일 매일 기도하라.

그렇게 매일 매일 기도하며 살아가는 사람은 생의 탐도 죽음의 두려움도 문제되지 않는 그윽한 삶을 살게 된다. 각자의 생이 보옥과도 같이 빛날 수 있도록 하루도 빠짐없이 기도로서 자신을 밝혀 나가길 두 손 모아 합장 올린다.

| three |

운리雲里 둘레길

지리산 둘레길 운리 임도의 내 사는 산방 곁으로 아기자기 꼬불꼬불한 산자락을 돌고 도는 한가한 명상로가 있다. 그 길을 따라 가을 너머로 다가오는 계절의 설렘을 미리 찾아 나섰다.

얼마나 많은 기다림과 인고를 채워야 저런 지고지순한 순응의 자세가 나올 수 있을까. 저 꽃잎은 첫서리의 고난을 원망치 않으리. 오늘 천기는 너무나 맑고 청순했으며 하늘색은 고와라. 감탄을 뿜어내며 표현할 길이 없는 언어만 탓했다. 내 마음에 쏙 드는 그런 날이다. 바람결은 심오한 사색의 선풍禪風 같았다.

물 흐르는 곳엔 어김없이 낙엽과 물이 자연 속에서 그들만의 프렌치 키스를 나누고 있었다. 문득 홀로 바라보고 있던 나만 민망해진다. 그래서 너희들이 아름답다. 그래서 너희들을 바라보는 나도 덩달아 아름다워질 것 같다. 그런 생각에 나도 지천에 늘어진 예쁜 낙엽을 서너 장 주워 낙엽에게 콧김을 불어 넣었다. 잎사귀가 내게 그런다. 시님 뭔 짓이냐고 단풍잎이지만 전 아직 나이가 어려요 이러시면 안돼요……. 이런, 어딜 가나 난 퇴짜의 왕초다. 아 괴로워라. 그럼 낙엽 너 아직 미성년이더냐? 네, 그래서 더 성숙하려고 익은 숲으로 들어 왔어요, 좀 성숙해 보이는 낙엽을 주워 입을 맞췄다. 성인 낙엽이니까 별 상관은 없겠지…….

만추, 그 황홀한 작별 인사는 덧없이 감동적이더라. 마음을 울리는 그들의 한 폭의 서정시가 울려 퍼지는 바로 여기에서 나는 영혼의 자극과도 같은 질책의 온기를 온몸으로 받으며 이런 영감이 스쳤다. 삶은 매 순간 기도를 하면서 어찌 살 것인가를 묻는 것이 아니라 바로 그 기도 자체가 되어야 하는 것이다. 그런 영성의 자극이 나를 감싸며 늦가을 단풍과 연애하고 있는데 어디서 왔는지 어린 학생이 나를 물끄러미 바라보고 있었다.

– 학생 둘레길 거닐러 왔어 반갑네?

– 네!

– 학생 어디서 왔는데? 쇼핑하듯 복장을 그리하고 이 거친 황야에 나왔느냐?

– 저 원래 이러고 온데 다녀요.

– 오! 부처님 예수님…….

누구나 할 말을 잊을 땐 부처를 찾고 예수를 찾듯 나도 그런 무의식의 반응이 나왔다. 살얼음이 어는 이 산골에 웬 미니스커트인지. 그것도 입었는지 안 입었는지 똥꼬가 보일 듯 아슬아슬하다.

– 그래 학생 이런데 오면 자연만 있다고 생각하나. 학생 여기가 일일구 소방서나 경찰청 옆 동네쯤으로 알고 왔나.

– 저 핸폰 있어요. 일일구 누르면 바로 오겠지요.

– 봐라 학생 여긴 핸폰이 안 터지는 곳이다. 지금 바로 일일구 아니라 일일구 할배를 찾아봐라. 네 폰이 통하는지.

– 어머나! 안되네. 여긴 왜 안돼요?

– 몰라 이동통신사 그 놈들한테 물어봐라. 다음부터 산에 올 땐 이런 복장도 참 좋은데 더 좋은 복장으로 하고 오면 더 예쁘게 보일 것 같은데 어찌 생각 하노?

– 어떤 복장 하고 와야 되는데요?

– 응…….절간 보살복 입고 오면 학생 너한테 어울리겠다. 내가 선물로 한 벌 줄까?

– 보살복이 뭔데요?

– 지금 내가 입고 있는 이런 색깔로 만든 풍덩한 몸빼 바지다. 학생네 몸매도 잘 빠졌는데 그 몸빼 바지 입으면 더 쭉 빠지게 보인다. 한 벌 입고 가라.

– 그런 거 싫어요. 그런 걸 어떻게 입어요. 스타일 구리게…….

흐르는 계곡물엔 햇살이 뿌리는 설탕가루가 눈부시게 반짝였다. 어린 학생의 천진한 대답이 계곡물보다 더 맑게 반짝였다.

– 어이 학생 이 물맛 좀 보고 마셔 봐라. 몸에 참 좋다.

– 벌레 있으면 어떡해요.

– 너 수돗물은 어찌 마시니?

– 그건 소독을 해서 괜찮아요.

– 이 물도 소독이 된 것이야. 햇볕이 소독하고 바람이 소독했지. 그냥 막 퍼 마셔도 괜찮으니 물맛 좀 보라.

– 학교에서 야외에 나가선 절대로 노천에 흐르는 물은 마시지 말라고 생물 선생이 그랬어요.

개자식들 공교육이 저러니 부모들이 사설 학원에 돈 바치러 가지. 내가 산에 살길 잘했단 생각이 들었다. 세속에 나가 살면 내가 내 명대로 못살지. 그래 개자식들아 니들은 이런데 와서 개기 꾸 먹고 물쳐 마시고 목욕하고 지랄 다 하더마. 지 제자들한테는 조리 가르치나 보네.

– 어이 학생 그냥 퍼 마셔. 내가 책임질게.

그 학생 그래도 두 모금은 마신다. 선생은 진짜 내 같은 사람이 해야 되는기라. 교육부 장관이 뉘고? 나 같은 사부를 이런데 쳐박아 두고 교육 행정을 펼치는 그 놈이 누고?

– 야야 사진 잘 찍어라 여기는 무염의 대지니 종종 이런데 와서 몸과 영혼을 맑히고 맑히면 입시 같은 거 걱정 안 해도 네 뜻대로 진학한다. 참 그런데 오늘 평일인데 학교는 안 가고 와 여기 와 있노.
– 저 학교 싫어서 지금 안 간지 일주일 돼요.
– 잘했다. 고마 가지 마라. 배울 거 없는데서 놀 필요는 없다. 그냥 하고 싶은 거 하고 인생 펼치그라.

가지고 간 두메산골 생탁 한 병을 혼자 먹기 그래서 인사치레로 학생에게 물었다.

– 네 이런 거 마셔 봤니?
– 어머 막걸리요 자주 마셔요. 저도 한 잔 주세요.

한 잔 부어 주자마자 쫄딱 마시고 안주 삼아 비닐에 담아 간 신 김치 쪼가리 몇 개 쩝쩝 주어 먹더니 또 잔을 내민다. 기가 막히고 코가 막혀

서 한참을 째려보았더니 맑은 웃음만 던지며 말한다.

– 한잔 더 주시면 안 돼요?

이번엔 숨도 쉬지 않고 쫘악 마시고는 트림까지 하더니만 미안한지 이런 걸 읊어 주더라.

천 번이고
다시 태어 난데도
그런 사람 없을 테죠.
슬픈 내 삶을 따뜻하게 해 준
참 고마운 사람입니다.
아무 것도 바라지 않아요.
그대 웃어 준다면
난 행복할 텐데.
그런 사람 또 없습니다.

– 어느 시인의 작품이고? 첨 듣는 건데…….
– 어머나! 호호 시가 아니에요. 노래 가사예요.

이런 노래도 모르느냐는 표정의 학생을 서둘러 내려 보내고 나는 다시 산행에 나섰다. 지리산 운리 백운 둘레 나루엔 벌써 십일월의 천사가 내려와 산악의 낙엽을 차곡차곡 져 나르고 있었다. 하늘은 억수로 청명했으며 공기는 원액 그대로 먼지 하나 없었다. 물은 얼마나 맑은지 반짝반짝 빛나고 온천지가 우주의 은혜로 가득 차 있었다.

| four |

중산계곡

눈물짓는 여인 앞에선 천하의 영웅호걸도 녹아내린다더니 빗물 머금은 자귀꽃의 자태에 내 맘이 흔들리더니 어느새 빼앗기고 말았다. 일명 음양 화합수라고 하는 저 나무를 집 마당에 심어 두면 평생 남편이 바람나지 않는다고 한다. 집집마다 한 그루씩 심어 두면 서방 바람끼 잡는 덴 최고라고 한다. 헌데 마누라 바람끼 잡는 나무는 여직 개발되지 않았으니 열심히 연구하면 조만간에 고런 나무도 나오지 않을까 생각하면서 실없이 웃으며 지리산을 올랐다.

여자의 산, 지리산의 변덕은 국보급이다. 열두 변덕을 다 부리니 아마 여자의 산이란 말도 틀린 말은 아닌 듯 싶다. 여자란 뿌루퉁 변덕이 심해야 사랑 받는다고 하던데 지리산도 아마 그래서 사랑을 많이 받는 모양이다.

경호강을 거슬러 오르면 저 멀리 지리산 천왕봉으로 갈 수 있는 지척의 거리지만 천왕할멈이 무슨 변덕과 심술을 부릴지는 나도 모를 일이다. 그래도 물이 불어 터지고 아무리 많이 흘러도 꽉 여문 골짝은 끄떡없는 법이다.

남자라면 한 번쯤 이렇게 자연에 나와 자신이 어떤 그릇이 되어야 하는가를 느껴 보고 각성도 해볼 필요성이 있지 않을까 한다. 특히 요즘처럼 변덕 심한 마누라가 많은 시절에는 이런 곳에 나와 전술 전략을 새롭게 정립해서 잘 대응해야 살아남을 것이다.

어차피 인생이란 도전과 응전의 순환이니 조화롭게 사는 지혜를 스스로 터득해야지. 성질머리 더럽고 자신밖에 모르는 변덕 심한 보살이

혹여 주변에 있다면 요런데 살짝 소풍 가자고 꾀어서 데리고 와 저 자연 속에 방생하면 자연이 자연처럼 치유해 주실 것이다.

사람들아. 변덕 부리지 말고 거짓되게 살지 말자. 중산리 계곡에서 마음에 걸친 외투를 벗고 나심裸心에 물들었던 얼룩을 빼고 나니 이제야 제대로 세심洗心이란 두 글자가 보이기 시작한다. 육신의 먼지 터는 일도 중요하겠지만 종종 마음의 세탁과 일광욕도 필요한 것이다.

두 마음으로 사는 사람들이 많은 세상이다. 누구든 하나의 마음으로 살아야 한다. 남녀를 불문하고 상대방에게 의리를 저버리지 말고 살아야 복 받는다. 그것이 세상을 사는 지혜이며 삶의 아름다운 모습이다.

|five|

구절향을 찾아서

그대 머무는 그 자리에서 앞과 뒤가 똑같이 맑고 정숙하다면 그댄 이미 부처님 옆자리에 앉을 자격이요. 아주 곱고 깔끔한 자리만을 차지하는 고고한 산악 여인네지. 이름 하여 구절초라네.

임의 향을 찾아 이곳 지리산 구백고지 단애 절벽가로 왔다. 빈 속에 맥심 모카골드 스틱 한 자루를 종이컵에 두루 저어 따끈하게 타 마시고 열심히 산길을 걷고 걸으며 구절꽃님의 향을 고대했지.

지리산 맑은 미소자락 끝에서 흐르는 시원한 폭포수 한 사발 마시고 다시 구절꽃님 찾으러 길을 떠났다. 한참을 오르니 핑크빛 구절꽃님이 눈에 띈다. 아마도 그들 속에서 좀 튀는 모양새인데 보아하니 그리 밉상스럽진 않다.

– 자네들 여서 뭐 하시고 계신가?

가만히 보니 핑크빛 구절꽃님 위에 까만 벌레 두 놈이 붙어서 사랑을 나누고 있는데 종 자체가 다른 파란 거미 놈이 와서 삼각관계를 형성하고 있지 않은가. 어딜 가나 그놈의 사랑 투쟁이 문제다.

– 나무관세음보살……. 그래 사랑엔 역시 목숨 거는 놈이 이기는 법이지.

시님, 그것이 아니요. 우린 한 철 성스런 의식을 치르러 이곳 까지 왔는데 무신 헤픈 판단을 하십니껴. 신의 섭리 자연의 이치 속에 짝짓기 계절이라 제 고유의 의무를 수행중인디 인간들은 바라보는 게 꼭 속적인 쾌락의 유희로만 관찰 하시는가유 시님? 하면서 빤히 처다보고 있는 듯했다.

– 네 말이 맞다. 맞아 하하하.

오묘하다. 미물들이 사람보다 더 로맨틱하고 정열적이다. 생의 한 순간도 허투루 살지 않는다. 저렇게 자신의 생을 최선을 다해 살고 최선을 다해 죽는다는 것이 얼마나 아름다운 일인가. 그래 너희들의 착한 생에게 박수를 보낸다.

그렇게 길도 없는 산 숲을 가로 질러 능선을 넘고 넘어 가을산을 누비고 다녔다. 벌써 산곡엔 어둠이 내린다. 어둠을 밟고 내려오는 길, 비탈진 바위틈 사이로 구절향이 물씬 났다. 너털바위 옆에 핀 구절꽃님들이 나를 반기며 청초한 꽃향을 흠씬 풍겨주었다. 내 바랑엔 이런 미소 저런 미소의 구절꽃님들이 그득했다.

| six |

팔자 좋은 날

깊은 산속 옹달샘 누가 와서 먹나요. 다람쥐, 토끼, 노루, 오소리, 너구리 등 산속 가족들이 모두 공평하게 나눠 먹겠지. 맑은 물 청정한 공기 속에 살아가는 산짐승들을 보면 참 좋은 팔자라고 생각된다. 골짝마다 맑은 옥수는 산을 타고 흘러 넘치건만 정작 사람들은 물도 돈으로 사먹어야 하는 시대니 사람 팔자가 짐승보다 못하지 않는가.

사람 몸은 물 따라 간다고 하던데 좋은 물 먹고 사는 이는 당연히 혈액이 맑아 오장 육부도 튼실하고 육신이 맑으니 정신도 한결 순수해지지 않겠나. 그래서 팔자를 고치려면 두말할 것 없이 산으로 가야 하지 않을까.

오늘 산을 오르다가 팔자 확실히 고친 사람을 만나게 됐다. 산에 살면 이렇게 팔자가 늘어지게 된다. 그 사람이 누군가 하니 바로 나다. 이 몸도 팔자 한 번 멋지게 고쳐 보려고 이 지리산엘 들어와 사는데 아직 부귀영화 누리는 그놈의 팔자는 못 고쳤어도 건강한 몸뚱아리 팔자 하나는 확실히 고쳤다.

철따라 피는 꽃들과 사니 좋고 흰 구름이 흘러가다가 세상 소식 전해주니 심심하지 않고 사철 어머니 품 같은 지리산에 안겨 사니 그 보다 더 행복할 수 있을까. 어때, 팔자 고치러 지리산에 들어올 생각 없으신가?

| seven |

시월을 보내며

오만 가지 색감을 가져다가 지상을 황홀하게 도배하던 도배쟁이 시월이가 어제 부로 사표내고 어디론가 떠났다. 사람들은 시월이의 마지막 날을 서운해 하며 빈속에 술이라는 진정제를 발칵발칵 부어 마셨다는데 내 생각으론 시월이는 잠시 휴가차 떠난 것 뿐 내년이면 또 나타날 것으로 믿는다.

시월이를 내 쫓은 십일월이 나뭇잎을 다 떨군 나신을 드러내며 지나가는 바람과 한바탕 결투를 하고 있다. 나신의 가지마다 빨간 리본 하나씩을 매달고 지나는 행인의 입맛을 당기는 유객 행위를 하는 저 자는 누구신고?

동네마다 집집이 주렁주렁 주홍빛 감 잔치가 열렸다. 담쟁이는 마지막 투혼을 다해 정열을 토해내고 보는 이 눈알이 따가울 지경이다. 매일 어영부영 밥벌레 되어 시간 가는 줄 모르고 계절의 꽁무니를 따라와 보니 가을은 가고 남은 건 낙엽의 구성진 신음 소리에 나부끼는 달랑 두 장 남은 달력이 휘휘하니 붙어있다.

스산하게 바람은 불고 가야 할 피안의 길은 멀고 멀어 하루하루 때 묻은 열락만 쫓고 있으니 인생사 팔고의 질곡이 아닐 수 없다. 좋은 것은 쉽게 떠나고 싫은 것은 껌처럼 찍찍 올라붙으니 애별리고愛別離苦요 원증회고怨憎會苦이다. 남들 다 되는 로또는 사기만 하면 낙방이고 사대육신 편히 살고자 하지만 하루라도 맘 편할 날이 없어 구불득고求不得苦요 오온성고五蘊盛苦로다.

도인 따라 산에 공부하러 갔다는 사람은 드물고 골빈 사돈 따라 저자거리 댕기다가 사기 당한 사람만 많고 많아 어찌 살아야 할 것인가 두고두고 생각해 봐야 하는 시절이다.

시월도 이제 가 버렸다. 바람처럼…….

| eight |

입동

비가 내리고 잠시 쉬더니 또 내리고 내렸다. 그것도 꼭 야심한 시간을 잡아 며칠째 인지도 모르게 내렸다. 빨래줄에 손세탁한 이불과 옷감들을 걷지 못했다. 하루는 비를 맞히고 다음날 날씨가 개어 다 마를 듯 했는데 그날 밤 또 비가 내려 다시금 하루를 기약했다. 지금도 비가 내리니 내 빨래도 저 낙엽처럼 기분이 좀 눅눅할 것이다.

어제가 입동이니 이젠 겨울이 시작된 모양이다. 느낄만한 시절의 낙도 없고 무덤덤한 일상이 흐른다. 때마침 산방을 찾은 과객과 함께 아랫동네를 거쳐 정취암과 심적사엘 다녀왔다. 추적추적 내리는 비를 맞으며 돌담을 거닐었다. 사람 없는 시골동네에는 노인들 몇몇이 무표정하게 내리는 비를 바라보고 있었다. 옛날 같으면 이맘때쯤 굴뚝엔 연기가 모락모락 피어 오르고 담장 안에는 구수한 된장국 냄새가 퍼졌을 것인데 요즘은 다들 뭘 먹고 사는지 아무 냄새가 없다. 내가 무감각해진 것인지 아니면 시절이 그런 시절인지 나도 시절도 모두 감수성 결핍증이다.

촌국수 한 젓가락 먹으려고 찻집에 들어서니 분단장을 한 담쟁이가 먼저 나를 반긴다. 화공이 물감을 풀어도 저렇게 예쁘지는 않을 것이다. 저 붉은 잎이 말라서 탈색이 되면 아마 오 헨리의 마지막 잎새가 되

어 십일월 바람결에 내내 울고 있을지 모르겠다.

관능의 계절 그 뜨거웠던 열정의 끝자리는 아직도 뜨거운지 그 열정의 혈흔들이 정원에 가득하다. 촌국수집의 초겨울은 내내 군불을 아니 때도 따스하지 않을까 싶다.

좋았던 시절 애락과 작별하고 나면 시린 영혼이 머무는 시간 위로 하얀 겨울과의 해후가 있겠지. 촌국수 한 그릇 먹고자 왔던 집에서 타고 남은 가을 정열의 끝자리를 맘껏 감상했다. 마음이 시리더라. 덧없는 자연의 말씀을 눈에 담아 듣고 마음에 담아 다시 산으로 올랐다. 구름 속에 폭 싸인 암자에도 낙엽은 무수히 내려 앉아 빗속을 걷는 나그네 발걸음을 위로해 주었다. 누군가 내게 묻는다.

– 시님 동안거 결제인데 이번 한 철 어찌 지내실랍니까?

– 어찌 지내긴 어찌 지내나. 안 죽을 만큼 먹고 안 피곤할 만큼 자고 안 얼어 죽을 만큼 공부 하면 되지. 일상과 다를 게 뭐 있어. 결제가 뭐고 해제가 다 뭐야. 출가한 날이 결제 날이고 환속하는 날이 해제 날인거다. 별 다를 바 없이 살면 되지. 뭐 하러 오늘과 내일을 구분하나.

수행이란 안으로는 가난을 배우고 밖으로는 모든 사람을 공경하는 것이다. 어려운 가운데 가장 어려운 것은 알고도 모른 척 하는 것이다. 용맹 가운데 가장 큰 용맹은 옳고도 지는 것이다. 공부 가운데 가장 큰 공부는 남의 허물을 뒤집어쓰는 것이다. 성철스님의 가르침이다. 이 네 가지 중 단 하나라도 마음에 새기고 몸에 익힌다면 한 철 공부는 큰 수확이 되지 않을까.

흰구름이 깃든 산암의 풍경은 포근했다. 잠시나마 시름을 잊고 내 마음 속에도 저런 풍경 하나 지어 놓고 한 철을 살았으면 싶더라. 오늘따라 풍경은 더욱 고요했다.

| nine |

목욕하러 가자

걸림 없는 자유가 있을까? 걸림 없는 자유란 뭔가. 아마도 그것은 물이 아닐까 생각한다. 미움도 사랑도 맑음도 흐림도 분별과 차등을 두지 않는 그런 평등심과 공평심이 바로 물일 것이다.

승찬 대사도 물에서 깨달음을 얻어 신심명을 새겨두고 가지 않았을까. 고대로부터 지극 지선을 물에서 찾고 물을 곁에 두고 수행했던 선인들의 지혜가 새삼 놀랍다. 그래서 상선약수라 했던가. 물의 지혜를 배워 물처럼 선하게 살라 하는 가르침일 것이다.

어지간히 추웠던 계절 탓인지 이제야 지리산 산죽에도 풋물이 오른다. 비누나 샴푸가 없어도 목욕이 가능한 지리산 천연 노천 목욕탕을 찾아 갔다. 여름을 제외하고는 연중 무료다. 사용료는 없고 공짜다. 수건만 달랑 두 장 가져오면 만사 오케이다.

여기서 목욕하면 남자는 신선이 되고 여자는 선녀가 된다는데 아직 그리 된 사람은 본 적이 없다. 홀라당 벗고 목욕 한 번 할 때마다 삼생 중 한 생의 죄업이 씻겨 나간다는데 나는 풍덩거리고 열두 번도 더 들어가 목욕했지만 아직도 삼생 중 일생도 못 건졌다. 그런들 어떠하리. 삼생이고 뭐고 간에 한 번 들어가 씻고 나오면 개운해서 날아갈 것 같다.

이렇게 추운 날도 물속에 들어갔다 나오면 더 없이 깨끗하고 개운하다. 처음에 들어갈 땐 너무 추워 달달달 떨면서 닭살이 돋아 내 본적 주소도 잊어버리지만 일 분만 지나면 어머니 품처럼 따뜻해진다. 십분 정도 몸을 담그고 나오면 노천목욕탕 옆의 다정한 소나무에 좀 기대고 있어야 된다. 그러면 소나무가 나를 감싸며 체온을 올려준다.

이 개운한 자유로움을 나는 사랑하지 않을 수 없다. 목욕 후 발개진 나를 보며 숲 속의 친구들이 한바탕 놀린다.

– 시님, 얼굴이 뺀질뺀질해졌네요.
– 생강꽃아 네도 목욕 한 번 해봐라. 날아갈 것 같다.

| ten |

죽림십리

며칠 전 꺾어다 둔 진달래가 아침에 활짝 피어 해시시 웃고 있다. 창가에 봄볕도 푸지게 들어 잠시 다각에 앉았더니 입맛이 찻잔으로 쏠린다. 홀로 앉아 펼치는 차 자리의 즐거움에 괜히 미소가 번진다.

향기로운 매향을 띄워 잔 위에서 뱃놀이나 해볼까 하여 잔에 가득 찻물을 부었다. 매낭자 욕조에 들어가 씻을 동안 나는 홀짝 홀짝 찻잔 비워 가며 책갈피만 몇 장을 넘기고 넘겼다.

그
새
꽃
이
다시
핀다.

책갈피 몇 장 읽고 나니 바싹 마른 꽃봉우리가 꽃을 피운다. 목욕을 마친 매낭자가 활짝 핀 얼굴로 수줍게 나를 바라본다. 홀로 앉아 마시는 차의 즐거움을 어찌 사랑하지 않을 수 있을까.

차 한 잔 마시는 동안 책 몇 장을 넘겼다 말았다 하며 읽었다. 속가 친구가 선물해 준 책인데 격과 품이 예사롭지 않으신 담원 김창배 화백님의 '차 한 잔의 풍경'이란 책이다. 읽으면 읽을수록 맑은 향내가 나는 책이다. 한참을 뒤적이다 맨 뒷장을 보니 우습기 짝이 없는 낙서가 있어 한참을 들여다봤다.

길 떠난 지 꽤나 된 스승과 동자가 나누는 낙서와 그림인데 동자가 얼마나 힘이 들었던지 이렇게 묻고 있다.

'시님 곡차 한잔 해유.'

동자는 좀 쉬고 가자는 뜻인 것 싶은데 스승은 오해를 하시는지 동문서답이다.

'어린놈이 못하는 소리가 없어. 곡차 좋아하면 나 같은 땡중 된다.'
'…….'

어느 놈이 내 책에다 이런 낙서질을 하고 갔는지 모르겠지만 나한테 한 소리인 듯 해 좀 찔린다. 한 이십 년쯤 후 내 모습이 아닐는지 웃음이 나왔다. 하긴 난 이미 땡중인걸 뭘……. 차 한 잔 마시다 웃겨서 찻잔을 쏟을 뻔 했다.

홀로 책과 차담을 나눈 늦은 오후 오랜만에 죽림십리 길을 밟고 왔다. 말을 쉽게 해서 죽림십리지 족히 이십 리 길은 되고도 남는 거리다. 이런 저런 상념 다 제쳐두고 죽림 길의 나긋나긋한 봄바람을 껴안고 걸으니까 세상 부러울 것 하나도 없더라.

푸른 대나무 사이로 산새 소리도 즐겁고 저물어 가는 해거름 판에 빛살도 좋았다. 댓잎 사각이며 스치는 숨결에 세상 근심도 다 잊어 버렸다.

| eleven |

허니 HONEY

오리지널 허니인 토종꿀을 가지러 중산리에 갔다. 앞에서 벤츠가 깔짝거린다. 보아하니 외도하는 남녀가 분명해 보였다. 조수석에 앉은 년이랑 이바구 한다고 정신이 없다. 빌어먹을 새끼. 바빠 죽겠는데……. 좌측 깜빡이를 넣고 액셀러레이터를 발가락으로 지그시 눌러줬다. 한 손은 핸들을 잡고 또 한 손은 창문 버튼을 눌러 조수석 창을 내렸다. 동시에 크락션을 빵빵 눌러댔다.

– 야. 이 +不랄 빠가야로야. 갓뎀!

욕을 한바탕 퍼 붓고 신나게 달려 중산리에 왔다. 촌구석에는 짭새들도 없어서 더 신나게 달렸다. 혹여 짭새한테 잡히면 누구누구 집 시다림 간다고 하면 통한다. 죽은 놈 염불해주러 가는 시다림에 경관 양반인들 뭐라 하겠는가. 지금 막 죽어 체온이 남아 있고 더 굳어지기 전에 염불 돌려야 효과 있는기라 하면서 말이다.

– 마아 내가 과속 하고 싶어 하겠소. 불쌍한 중생 극락 모셔드리려고 나도 한 개 뿐이 없는 내 목숨 걸고 달린기라 경찰청장도 다 이해해 줄끼요. 보소 바뿌낀데 나는 이만 가오.
– 예. 살펴가시소 시님…….

깔짝거리는 벤츠가 보기 싫어 과속 좀 할라했더니 오늘은 짭님도 없다. 살살 밟고 와 보니 내 가을 별장인 중산리 숲에도 공사다망하다. 이 너른 별장을 가졌으니 관리가 쉽지 않다. 국립공원이니 국가에서 관리를 해 주고 있다만 팔아야지 어쩌겠나. 아쉬운 마음을 접고 다 팔아치웠다. 다람쥐에게 팔고 바람에게 팔고 구절초에게 팔고 흰 구름에게도 팔고 다 팔아버렸다.

팔아치우고 나니 지금은 아무것도 없다. 매각대금도 수행하다 다 까먹고 오늘 꿀 사러 왔는데 그것도 외상 달고 살 형편이다. 그래도 워낙 내가 신용이 좋아서 이 동네 사람들이 물건을 바로 바로 내 앞에 내놓는다. 중산리에만 오면 왜 이리 추억들이 발목아지를 잡는지 눈에 띄는 게 모두 추억이다. 시리고 아리고 즐겁고 유쾌한 추억이 지천이다.

이곳 산골 사람들은 한이 많아 가난에 상처받고 시름 지운다고 술에 몸상하고 여편네 도망쳐 배반당하고 영육이 부서질 대로 망가져 있다. 모이면 인사가 한 잔해라 이다. 어이 여러 소리 말고 한 잔 해. 모든 게 다 덧없다는 말만 읊조린다.

모락모락 연기를 피우며 산자락을 넘어가는 해를 바라보며 나는 생각한다. 내가 중 될 줄 알았으면 차라리 시천면에 면서기 됐음 얼매나 좋았겠노. 출근길에 논두렁에서 한 잔하고 퇴근길에 아재랑 한 잔 걸치고 올라오는 길에 아지매랑 한 잔 묵고 뒷집 영감이랑 또 한 잔. 한밤에는 동네 강아지랑도 한 잔 마시자꼬 대폿집에 끌고 안가겄나. 그라다 마눌한테 이혼 당해 홀아비 신세 되고 그렇다고 혼자 살겠나. 어리 중간한 색시 하나 구해 꿈쩍도 못하고 살게 됐겠지.

가만 생각해보니 중 된 것도 천만다행이다. 그리 잡혀가지고 내가 내 명대로 살았겠나. 아무튼 사는 거는 어딜 가나 고해다. 습작과도 같았던 내 생의 뒤안길을 아직도 나는 모르겠더라. 그러나 인생이라는 게 뭔지 다만 한 개는 알지. 죽음은 누구에게나 공평하게 찾아온다는 것.

이 육신은 결국 흙으로 돌아간다는 것. 다시 우주의 티끌이 된다는 것 하난 안다.

달콤한 토종 허니를 품에 안고 돌아오는 길. 중산리엔 차꽃이 벌써 피고 지더라.

|twelve|

정숙靜肅씨

연달아 이 년째 여름이면 산고를 겪는다. 작년에는 배꽃 같은 이가 법 같은 소릴 하더니 난 그것이 불법佛法인줄 알았는데 형법刑法을 들고 나와 삼복더위에 오라니 가라니 했다. 그 배꽃 같은 이가 인간의 비열과 졸렬함으로 내 성깔머릴 건들더니 결국엔 항복하고 말았다.

– 스님 잘못했어요. 용서하세요.

– 네하고 나하고 용서하고 자시고 할께 뭐가 있노. 이런 노래 아나. 당신과 나 사이에 저 바다가 없었더라면……. 네랑 나랑은 말이다 건너지 못할 바다도 없는데 뭘 이해 못 하것노. 마음에서 흔적 지워라.

말은 이리 편하게 해줬지만 속에서 조청이 끓었다. 올 여름에는 예고 없는 인사명령으로 이래저래 몸 고생 마음 고생을 근 두어 달 반이나 했다. 몸과 마음은 고문이었다.

대 자유를 꿈꾸는 자, 감옥에 들어가 보면 대 자유가 뭔지 안다고 했던가. 그런 대 자유를 알려주려고 부처님이 마음감옥인 대구로 인사 명령을 내렸는지 세상구경만 진탕하고 영육의 피곤만 잔뜩 절어 왔지만 배우고 느낀 바도 많다.

부처님 이 몸은 세상바닥이 맞질 않아요. 이제 산 아래쪽엔 내려가지 않을 것이오. 나의 이런 투정을 부처님은 아셨을 것이다. 이런 저런 탓에 서해로 동해로 전국을 한 바퀴 뺑 돌아 봤으니 아무튼 세상 구경은 잘했다.

인간세상의 온갖 번뇌와 인간사를 보고 겪은 것도 소득이라면 소득이다. 인간답지 못하게 사는 사람들이 넘쳐나고 믿음과 신앙을 파는 사람들의 비열함도 보았다. 양심을 속이고 상대의 마음을 아프게 하는 것이 예사인 인간사를 보며 나는 심한 심열의 몸살을 앓았다.

그래서 그 자리 눌러 앉아 있지 않고 시도 때도 없이 산으로 도망쳤다. 이젠 원래의 내 자리 산으로 자연 속으로 돌아와 앉으니 이곳이 내 생명의 안식처이다.

세상이 더럽고 혼탁한 게 아니라 각자 제 욕심에 충실하다 보니 세상이 불결해진 것뿐이다. 소욕지족의 담백한 삶의 철학이라면 이 세상 그래도 살만해지지 않을까 하는 그런 아쉬움을 뒤로한 채 나는 한 철 세속 공부와 작별했다.

그리고 지리산 가장 깊숙한 오봉골로 들어가 그간 묻은 속진을 털어내며 강을 따라 걸었다. 그간 내 영육의 진이 얼마나 빠졌으면 다리가 다 휘청거렸다. 환영의 인사일까 강가의 하늘에는 커다란 쌍무지개가 나를 반겼다. 무지개를 바라보며 한참을 걷고 또 걸었다.

다시 온 지리산의 산별은 초롱초롱 빛나고 나무들은 모두 기립해 나를 반겨 주었다. 이제 곧 가을님이 납시겠지. 가을엔 정숙靜肅씨를 애인 삼아 고요히 지내련다.

| thirteen |

순례

율곡사

– 시님 율곡사에 가서 기도를 꼭 올려야겠어요.

은근히 동백사 보살이 말한다. 보챈 지가 벌써 일주일째다. 가서 올리면 되지 꼭 나와 동행을 해야 하나. 동백사 보살은 지리산 쪽을 가본 적이 없는 초행길이라 자신이 없었던가 보다. 자꾸 입방아를 찧는다. 탁하니 까놓고 시님 동행 좀 해 주시면 안 됩니까 라는 말은 못하고 견주고 저울질 하는 동백사 보살이 안쓰러워 시간을 냈다.

– 그래 나도 그쪽 지리산에 볼일도 있고 하니 함께 가보자.

동촌 선비마을에서 늦은 점심 공양을 냉국수로 때우고 율곡사로 출발 했다. 내가 볼 때 보살 너 말이다 오늘 율곡사에 가서 욕 진딱 얻어 먹겠구나. 절에 기도 가는 보살이 민소매에 허연 팔 드러내 놓고 복장이 그기 뭣꼬. 속으로 이렇게 읊었다.

율곡사에 도착했다. 갈까 말까 하다 오니 그래 잘 왔다는 생각이 들었다. 법당에 올라 부처님 전에 삼배 올리고 해 저문 산사의 그림자를 물끄러미 바라보며 달려온 노정의 피곤을 씻었다. 그리고 산사의 솔향기 그 내음을 흠씬 맡으며 잠시 경내를 이리 저리 밟았다. 옛 시절 추억에 잠겼다.

행선에 빠져 있는 나를 보며 누군가 합장을 했다. 얼굴은 배우 빰 칠만큼 뽀얗고 쌍꺼풀은 무지개다리만큼 깊더라. 이 절 공양주였다. 내 짧은 소견과 견해로 절간에 산중 미인이 들어와선 곤란해지지 않겠는가 하는 생각이 들었다. 관상머리 상법으로 봐서 도화가 좔좔 흐르더라. 이 절 주지 시님은 꽃 하나 두고 수행을 하시는가.

다각에 앉았다. 주지스님과 나는 맞절 일배로 인사를 나누고 있는데 김보살과 공양주가 뒤따라 들어섰다. 최소한의 예의는 갖추고 인사는 드려야 하는데 김보살은 자리에 풀썩 주저앉아 꼼짝하지 않고 있어 분위기가 민망해 졌다. 김보살에게 내가 그랬다.

– 보살님 시님께 인사는 올려야지요.

그래도 인사 올릴 생각이 없이 멀꾸룸하게 처다만 본다. 분위기 요상하게 돌아가서 다시 내가 부추겨 줬다. 김보살 인사하라고 재차 독촉을 해도 영 인사 할 기미가 보이지 않는다. 주지 스님도 열 받았는지 보살님 됐어요 하면서 눈을 맞추지 않는다.

스님들 나름인데 굳이 삼배 받으려고 하는 스님들이 있고 삼배 올리려고 용쓰는 보살님들도 있다. 나는 어떠한 경우에도 절을 받지 않는 후자다. 절을 받으면 뭐하고 안 받으면 뭐하나. 주지 시님과 김보살의 아상 싸움에 나만 멀쑥해졌다. 괜히 요상한 분위가가 못마땅하던 차에 눈 둘 곳을 찾다가 다각에 걸린 창규 13조 라는 문구가 눈에 들어왔다.

삼일 이상 기도객은 오후불식 하라.
그리고 대웅전에선 아미타 정근만 해라.

– 신중기도와 산신기도 좀 할랍니다.

눈치 없는 김보살이 또 한마디 쏘아 붙였다. 주지는 같잖다는 표정만 흘리고 불편한 분위가가 계속되었다. 김보살에게 내가 또 한마디 쏴부쳤다.

– 보래이 보살, 율곡사 청규 13조 봐라. 로마에 가모 로마법을 따라야 한데이.
– …….
– 보살님 신중기도는 뭐 하려고 하는데요.

주지가 김보살 보고 한마디 쪼며 묻는다. 아이고 답답해라. 얼라들 소꿉장난도 아이고 이기 뭣이라. 석가모니 정근이면 어떻고 관세음정근이면 어떠나. 신중기도면 어떻고 산신기도면 어떠나. 처처에 부처요 너와 내가 부처인데 무슨 분별이 그리 많은가. 에고 답답해라. 다탁을 박차고 나왔다.

공양간 앞으로 나오니 오후불식 하는 절에 가마솥은 뭐하려고 이리도 많이 걸어 놨는지 오후불식이란 말이 무색하더라. 꼬라지 반반한 이 절 공양주가 공양간 우물에 앉아 가지를 열심히 씻고 있었다.

- 김보살 나는 내려갈란다. 기도 잘 하그래이.
- 시님 저녁공양 하고 가세요.
- 공양주 보살, 청규를 어기면 되나. 오후불식이라 하는데 어찌 저녁공양을 하겠노. 살망살망 내려 갈 테니 기도하러 온 김보살이나 가지나물 잘 무쳐 대접하소.

저녁공양하고 가라고 하는 율곡사 공양주의 말을 뿌리치고 자박 자박 석분 깔린 경내를 걸어 나왔다. 니미 수행이라카는기 뭔데 이리 마음싸움일고 한숨이 토해져 나왔다.

수행이란 다름이 아니다. 내 마음과 네 마음이 함께 평온해지는 숨은 마음자릴 찾는 것 아니겠나.

| fourteen |

순례
심적사

오랜 인연과 수행의 깊이를 더해준 곳 지리산 심적사. 어느 스님 한 분과 보살님 두 분이 폐허가 된 천년고찰을 정성들인 십칠 년 불사로 나한기도 도량을 이루어 놓으셨다. 수행하던 때 이 산자락 골짝 골짝마다 내 땀방울 스미지 않은 곳이 있으랴.

출가 전 이곳에서만 칠팔 년 마음공부를 했으니 감회와 추억이 새롭지 않을 수 있겠는가. 늘 수행의 고향이 되어 준 심적사를 찾았다. 삼보전에 두 손 곱게 합장인 채 깊숙이 삼배 올리고 오백나한전에 가서 옷깃을 여미며 합장했다. 모나고 얼룩진 상처투성이의 마음을 치유하러 온 발길이 이곳에서 평온해졌었다.

참으로 아늑하고 평온하다. 기도하기에 이만한 도량이 또 있을까. 나한전은 어머니 품안 같다. 선방을 스치는 풍경소리도 내 마음을 흔드는 솔바람도 벗처럼 따스한 곳. 하루 종일 머물러도 세인의 손길이 닿지 않는 고적한 산사의 고요가 깊고 깊기만 하다.

그저 무심이다. 무심이란 생각조차도 놓아 버리게 하는 문구가 절집 처마 밑에 가지런히 걸려 있어 가슴까지 서늘해진다.

공부 합니다.
공부 안 하려고 공부 합니다.
밥 먹고 공부 합니다.
공부하려고 밥 먹고 공부 합니다.
공부도 안하고
밥도 안 먹으려고 공부 합니다.

산신각 숲 그늘에 앉아 산 아래를 보니 팔월의 산구름이 벙끗 미소 지으며 산빛과 놀고 있다. 전에 계시던 주지 스님인 혜근 스님이 손가락 하나를 부처님 전에 소신공양으로 바쳤던 곳이다. 심적사에 오르니 문득 혜근 스님이 떠오른다. 부산에서 잘 지내시고 계신지 연락이라도 한번 드려야겠다.

| fifteen |

순례

천왕사

지리산 중산리는 몇 해 전 천일기도를 무사히 마치고 회향했던 곳이다. 짧지 않은 그 시간은 마음 헹굼을 배우는 연습을 했었다. 늘 그리운 이곳 평생 솔향기 맡으며 이 산자락에 살고자 했지만 아직은 여의치 않아 이곳을 오지 못하고 있다. 하지만 나는 분명 다시금 이곳으로 회귀할 것이다. 이곳에 와서 내 영육을 누이리라.

지리산은 여신의 산이며 무속의 산이다. 샤먼의 메카이다. 지리산 산신 할머니를 형상화시킨 민간신앙이 자리 잡고 있다. 이곳에 와 기도 드리는 분들 거의 대부분이 영적 존재를 모시고 사는 무속인이거나 법사들이다.

지리산 천왕사엔 성모상이 모셔져 있다. 성모상은 진품이 아니고 이미테이션이다. 진품 성모상은 지리산 천왕봉에 있었는데 도난을 당하고 증발해 버리기 일쑤였다. 그래서 우여곡절 끝에 천왕사 주지 해법 스님이 진품을 이곳에 봉안하고 관리해 오고 있다. 모조품이면 어떻고 진품이면 어떠랴. 내 마음의 순도가 중요하지 믿음에 무슨 진품 가품이 있겠는가.

신을 모시는 무속인이나 법사라면 적어도 한 번쯤은 이곳 성모상을 참배했을 만큼 유명한 곳이기도 하다. 나는 잘 모르겠다만 그분들 얘기로 여기 계신 성모 할머니가 대단히 영험한 가피를 내려 주신단다.

내려오는 길. 청정암을 들러 차 한 잔 얻어 마시고 아래 중산리 계곡 천연암에 들러 또 차 한 잔을 얻어 마셨다. 이래저래 하루가 기운다. 얼마나 재촉하며 달렸던지 저 맑은 계곡물에 발도 담그지 못하고 다음 행선지로 발길을 돌려야 했다.

| sixteen |

순례

대원사

우람한 잔솔가지 아랜 까마득한 물소리가 들린다. 흐르는 물처럼 시간은 고요 속으로 흘러가고 있다. 송송 거리던 땀방울을 적송 숲 바람결에 실어 보내고 유평계곡의 숨은 비경을 품에 안으며 대원사 큰 뜰로 향했다.

개었다 흐렸다 지리산이 심술을 부렸지만 변덕스런 날씨가 그리 밉상스럽진 않았다. 내 마음의 날씨는 맑고 투명하기에 지리산의 심술도 귀엽기만 했다. 대원사의 텅 빈 경내엔 적요한 분위기가 날씨랑 걸맞아 팔월의 산사향이 운치 있게 향기롭더라. 관음전에서 날려 오는 향기가 내 심창을 두드리고 나는 조용히 표주박에 물을 떠 눈과 입 그리고 귀를 말끔히 씻었다.

삼보에 귀의하고 느슨해진 자아를 참회시켜 본다. 참된 삶 진여의 삶이란 얼마나 명료한 삶이겠는가. 관음전 문창으로 어둠과 밝음의 속살이 드러난다. 저처럼 명료한 삶을 살고 싶다. 구름 사이로 풍경소리가 번져간다. 세세상행보살도 그 길로 나갈 것이다.

관음전을 나오니 경내를 행복하게 걸어가는 젊은 부부가 눈에 들어온다. 선남선녀가 숙세의 깊은 연으로 이승에서 부부로 화현했는가. 한 쌍의 원앙새 같더라. 저 사람들은 무슨 선업을 갈고 닦아 저리도 행복한 것이냐. 세상 모든 인연들이 저렇게 보기 좋은 선연으로 이어질 수만 있다면 얼마나 좋겠는가.

어느 다정한 신혼부부의 뒷모습을 바라보며 부디 두 분 마음이 늘 한결같기를 축원하고 거듭 기원해 드렸다. 행복하시길…….

저녁예불을 기다리며 나직이 포행에 나서는 길. 계곡의 맑은 물소리에 하루의 업장을 씻어 내리는 듯 상쾌하기 그지없다. 잠시 쉼터를 정해 바윗돌에 앉아 저 자연의 경쾌한 합창소릴 듣노라면 법문이 따로 있겠는가. 자연설법이 법문이다. 아! 이 아름다운 자연이 좋다. 나도 좋고 자연도 좋아서 일체가 하나임을 또 한 번 실감하게 된다.

저녁예불을 알리는 법당 타종소리에 둥지를 찾는 산새도 묵묵해진다. 어둠이 내려앉는 산문 밖 구도의 길만큼이나 멀고 아득해진다.

| seventeen |

순례
내원사

삶이 버겁고 힘들어 질 때 어디에 기대어 위안을 삼아야 할까. 오직 자기 자신을 기대며 의지하는 것만큼 훌륭한 대상은 이 세상 어디에도 없다.

기도하라. 기도하라. 정진뿐이다. 초심 수행 때 큰 스님으로부터 들은 의미심장한 법문이다. 마음을 비우는 데에는 절간 보다 더 좋은 공간도 없으니 하심하고 묵언하며 자신을 되돌아보면 참회는 절로 하게 된다.

간혹 세연과 세욕으로 마음이 어두워질 때 저기 산 구름을 바라보며 덧없음을 깨닫게 되면 서서히 혜안이 생기기 시작한다. 부질없는 잡사에 끄달리지 말고 오직 하나 한결같이 화두를 잡고 출가 사문의 바른 길을 걸어가야 한다.

지심귀명례! 지금껏 그 말씀에 충실하며 흔들리지 않고 살아 왔는지……. 명확한 답을 내리기 어렵다. 나는 잘 가고 있는가. 돛대 잃은 나룻배 신세는 아닌지 모를 일이다. 한적하고 고요한 숲의 풍경은 예나 지금이나 변함없건만 변질된 건 나 자신이 아닐까 하는 생각이 든다.

지리산엔 벌써 가을이다. 무섭다 세월이. 허송세월을 더하는 이 어리석음은 어디로 가야 하나. 대답해 주려무나 청산아. 내면의 물음을 찾아 온 내원사엔 가을이 깊어가고 있었다. 산문 앞 소나무와 참나무가 다정타 못해 곧 한 몸으로 다시 태어나겠다는 듯 서로를 껴안고 있다. 내원사에 들러 마음을 추스르고 다시 발길을 돌려 지리산을 걸었다.

지리산을 돌고 돌아 경호강이 휘감은 엄혜산 자락에 앉아있는 겁외사까지 갔다. 이미 해는 기울고 법당에 홀로 앉아 여정의 끝자락에 느낌표 하나를 찍는다. 지리산은 말이 없고 부처님은 미소만 지으시며 묵언중이시다. 기도하고 기도하리라. 처음처럼…….

붓다여인숙의 행복한 나그네

| 마음그릇 |

| 당신 |

| 책벌레 |

| 봄볕에 앉아 |

| 허虛 |

| 청매화 |

| 마음의 길을 찾아서 |

| 수행으로 가는 길목 |

| 가을비 맞으며 |

| 바람과 구름의 자유 |

| 산에서 살련다. |

| 산차 |

| 차茶시간 |

| 심월心月 |

| 무제1 |

| 무제2 |

| 무제3 |

| 무제4 |

| one |

마음그릇

하루는
끝 모를 미로 속을 나돌고
또 하루는
그 길 위를 방황을 하네.
그리고
또 하루를 보내며
후회를 되새김 한다.

가을비가
스친 뒤 산록엔
계절만이 깊어 가는데
어느 뉘가
마음 담는 그릇이 뭐냐 묻고
수행자는
영혼의 그릇이라 대답했지.

영혼이 깨끗하면 마음도 맑고
마음이 고요하면 영혼도 맑지

가을이
산과 들에 피를 쏟아내
가는 곳 마다
붉지 않은 곳이 없다.

내 영혼 담을
마음그릇 하나
반짝반짝 닦아야겠다.

|two|

당신

무상사를 다녀 오늘 길
진각 스님을 뵙고
차 한 잔으로 더위를 내리며
담백한 담소로 시간을 채웠지요.

산문 나서는 내게
고운 다포와 액자를
고이 내미신 스님.

당신이 있어
참
좋습니다.

어느 누구에게
그런 존재가 되어 준다면
행복이겠지요.

당신이 있어 참 좋습니다.
그대는

그런 당신을 가지셨습니까.

연꽃이 떠오를 만큼
생각만으로도 좋을
그런 당신을 가져 보셨나요?
당신을 보면
연꽃이 떠오릅니다.

| three |

책벌레

둘 다
산에서 내려 왔다.

얼굴
한번 쳐다보려고

한 사람은
지리산에서 내려오고

또
한 사람은
팔공산에서 내려왔다.

마땅히
갈 곳이 없어
차방엘 가자
식당엘 가자
어린애 같은 실랑이를 하네.

허허…….

그냥
촌동네 봄볕 맞으며 돌아다니다가

민가에 들러
탁발로 찬물 한바가지 나눠 마시고
풀숲에 주저앉았다.

– 아직도 경전 공부인가?
– 그저 그래!

시간만 나면 책을 안고 사는 팔공산 스님은 잠잘 때도 해우소 갈 때도 책을 끼고 가더라.

– 책 귀신 아직도 못 떼고 데리고 사나. 글 읽는 게 그리 좋으면 대학 가서 교수나 해 먹지.
– 머릴 깎았으니 이 정도로 책벌레가 됐지 안 그랬으면 세상 공부에 빠져 아마 돈벌레가 되었을 거네. 이왕 벌레 되는 거 그래도 책벌레가 낫지 않은가.
– 시님은 그런가. 난 이 벌레 저 벌레 다 싫어서 벌초했는데…….

오랜만에 만나
정겨운 시간을 함께 보냈지
그 해 도반의 몸에선
그간 책 껍데기를
얼마나 갉아 먹었는지
책향기만 폴폴 배어났다.

| four |

봄볕에 앉아

봄볕 꽃그늘 아래서 남몰래 앓았던 신열을 식혀보려 바람 치는 강변 갈대숲으로 나왔다. 내 곁에 언제나 잠들지 않는 산과 강이 있어 얼마나 다행인지 모른다.

기운이 없을 때, 마음이 어지러울 때, 설익은 허무의 파편들이 입술에 까칠하게 내려앉아 공연히 심사가 날 때 나는 바람 치는 강변으로 나와 자연에게 위안을 받는다.

꺾이지 않는 갈대를 바라보며 삶의 활기와 복원력도 얻게 되고 아직도 마음의 면벽엔 청춘의 온기가 그을음 같이 남아 있는 언저리를 바라보며 다시 힘을 얻곤 한다.

때가 되면 누구나 혼자 가야 하는 길. 그 길이 바로 인생길이다. 만남도 이별도 잠깐의 유희와 슬픔일 뿐, 너 나 할 것 없이 우린 원래 단독자로 왔다 다시 단독자로 돌아가는 것이다. 인생의 가을 앞에 서면 이젠 잠 벗이 없어도 외롭고 허전하지 않은 영육의 달관도 배워야 되겠지.

바람이 쏟아져 깃발처럼 흔들어 대는 갈대숲을 거닐며 난 그런 생각에 잠겼다. 이 바람이 그치고 나면 산언덕엔 진달래가 흐드러지게 필 것이고 강에는 은색 피라미들이 줄을 서며 튀어 오르겠지.

내 곁에 언제나 잠들지 않는 산과 강이 있어 참으로 행복하다. 경호강 갈대숲으로 산책을 다녀오니 오후 느지막이 우편배달부가 소포 하나를 건네고 갔다. 독일에서 어여쁜 보살이 커피를 날려 보냈다. 난생처음 맡아보는 독일커피의 향기가 보낸 이의 마음에 실려 지리산으로 퍼져 나갔다. 산책길에서 한 잔 마시고 갈대숲에서 한 잔 마시면 어떨까. 아껴 두었다가 아름다운 이들 산암에 찾아들면 그때 이 커피향 함께 나누리라.

| five |

허虛

문득 그리워할 대상을 다 빼앗긴 것 같은 생각이 들었다. 산다는 게 다 허망이겠지만 살아 있는 시간 속 그 빈 바람조차 없다면 삶의 의미는 빛바랜 조각 아닐까.

그립다는 건 희망이었는데 하루는 허투루 살고 또 하루는 후회하며 살게 되는 게 인간인가 보다. 그리고 다시 참회하고 기도하며 희망과 절망 사이를 위태롭게 오간다.

오늘도 산기슭을 맴돌며 자리 하나 찾아본다고 돌아다녔다. 죽을 때 들어갈 천하요새 하나 찾을 작정으로 아무도 찾지 못하는 육신의 은신처 하나 얻어 볼 어리석은 생각으로 산속을 헤매고 다녔다.

많이 힘들 때, 고통스럽고 괴로울 때면 나는 산으로 간다. 매일 가는 게 산이면서 그래도 또 간다. 산이 좋아서 산으로 간다. 갈 곳이 없어 산으로 간다.

나무들이 제 가지 무거운 줄 모르고 바람을 탓하듯 사람은 제 실수 모르고 남만 탓하더라. 세월만큼 사람은 누구나 삶의 가지들이 무성해 지는 법이다. 무성한 가지를 잘라 주고 싶었지만 가지는 너무 자라 있었

다. 마음의 칼을 들이밀었지만 쉽지가 않다. 더 자라기 전에 자주 잘라 줘야 하는데 나의 무지와 게으름이 원망스럽다.

아직 계절은 봄이지만 마음속엔 겨울이 가시지 않았나 보다. 열정의 순간들도 지나고 보면 한 순간에 불과하겠지. 이젠 열정보다 고요를 벗해야 할 것 같다. 세상과 단절된 고립을 통해 진정한 고요를 맞이하고 싶다.

| six |

청매화

달은 이미 기울고
별빛도 져버려
새날 밝아오는구나
호롱 하나 밝혀 두고
밤새 잠 못 이루었네
임 오시는 소리인가

겉옷 걸치고 대문 밖 쳐다보니
까치 소리야 반갑지만
서운한 마음 달랠 길 없어

—이단의 규정閨情

임 기다리는 마음 오죽 사무쳤으면 시인 이단은 심정의 애달픔을 저렇게 읊었을까. 산승이 사는 이 산자락에도 기다리던 임이 오신다기에 호숫가로 달려갔다.

우리 님이 얼마나 초롬하게 행차하시는가 궁금해서 밤잠을 설쳤다. 청치마 곱게 차려 입으시고 새 봄에 나들이 하신 지리산 청매님의 고운 모습에 나는 가슴이 두근거렸지. 청매님 고이 안고 이 새봄을 함께 살고 싶더라.

호수에
청매향 띄워 놓고
꽃향에
취하고 싶다.
그대
그대로 그러신가.
그럼
얼른 막걸리
한말 싣고
놀러 오시게
나
여기서
기다림세!

| seven |

마음의 길을 찾아서

마음은 바람 같은 것. 바람이 부니 몸뚱이 육신은 낙엽처럼 여기저기 나뒹군다. 하심하면 묵언은 절로 되는 법이다. 묵언하면 하심은 절로 따라오는 법이고 둘을 가질 필요가 있겠는가. 하나도 제대로 배우지 못하는데 더 많이 비워내자. 많이 배우겠다는 것도 욕심일 테니 바람을 찾아 길을 떠나는가.

사바의 먼 바다 위를 떠다니는 육신의 돛배 내리고 비우는 것조차도 버리자. 그냥 바람이 가자는 대로 가다보면 뱃전에 걸리는 거 하나쯤 있겠지.

멱심, 아름다운 마음의 길을 걸어가자. 잠시라도 세상 일 살며시 놓아두고 인생의 가장 아름다운 마음의 길을 들여다보자. 가다가 지치면 잠시 맥심이라도 한잔 마셔가며 멱심의 길로 가 보자.

지리산 감나무 가지엔 감꼭지 하나 화두처럼 걸려 있다. 지리산 산죽을 깎아 죽비를 만들었다. 지리산이 주었으니 다시 지리산에게 죽비를 올렸다. 화두처럼 매달린 감꼭지 하나 붙잡고 늘 끊이지 않는 죽비소리로 깨달음의 길 걸어갈 수 있기를 마음속에 새겨 놓았다.

|eight|

수행으로 가는 길목

수행으로 가는 길. 세상에 지치고 삶과 자신에 대해 의미를 잃을 때 누구나 한 번쯤 생각해 보는 것 아닐까. 하지만 수행의 길을 가기 위해 집을 나서기란 쉽지 않은 법이다. 인생에 있어 소중하지 않은 게 어디 있을까 만은 뭔가를 잃어갈 때 그것도 큰 것을 잃어버릴 때 생과 사를 되씹어 보기 마련이다.

이렇게 살면 안 되는데 하는 마음을 품고 번민이라는 걸 하게도 되고 삶에 대한 의욕을 상실하게도 된다. 그렇지만 삶, 그것에 대한 뚜렷한 해답은 없는 것 같다. 어떤 방법으로든 자신에게 맞는 비법을 각자가 찾아보는 수밖엔 없다.

행복이란 걸 알맞게 누릴 줄 알아야 한다. 그런 이가 현명한 사람이다. 수행의 나날들을 지금 가만히 돌이켜보니 참 행복했던 것 같다. 지리산 산중을 헤매며 힘겹게 지냈는데도 왜 마음엔 희열 같은 느낌들이 벅차오르는지 모르겠다. 깊은 산에서 만났던 대나무들을 보면 또 다시 수행의 길을 생각하게 된다. 혹독한 자연 속에서 생존하고자 버티며 자라지 못해 마디마디가 반지처럼 촘촘해진 인고의 결정체를 본다.

그 귀하신 몸들을 한 분 한 분 모시고 와 둔한 솜씨로 겨울밤을 지새우며 깎고 또 깎았다. 톱 한 자루 연필 깎는 커트 칼 하나 그리고 페프한 장으로 다듬어 불에 굽고 나름의 색감을 얻었다.

엄동의 겨울밤을 춥다는 것도 시리다는 것도 잊은 채 삶과 인생의 혹독한 인고를 견디며 죽비를 만들던 그 날들이 감질나게 그립고 그립다. 꿈속에서도 잊지 못하는 칠원토굴에서의 그 시절 삼 년 동안 내 가슴을 조각하듯 아로새긴 죽비 속엔 내 마음의 동공 자국이 알알이 차 있겠지.

'일체유심조' 이 마음으로 세상 참하게 살아보자.

| nine |

가을비 맞으며

여릿한
산국화의 향내
빗방울 사이를
오가며
풍경소리에 실려 오고

은거하는
산 사람의 뜨락
그곳은
따듯한 여백이 한가로웠지

헛기침에도
대답 없는
암자엔
빗님 홀로
처마 끝에서
낙숫물처럼 목탁을 울린다.

아

스님은
묵언수행 중이신가

주인 없는
산암
빗님이 권하는
찻잔 속엔
산국향만 가득했지

| ten |

바람과 구름의 자유

산정으로 이어진 길을 따라 이 가을 나는 나그네가 되어본다. 시간은 덧없이 흐르고 나 홀로 훌쩍 떠나는 시간만큼은 자유로운 영혼의 걸림 없는 여행이 된다.

산길에는 나그네를 맞는 구절초의 꽃망울이 수줍은 향기를 짙게 건네준다. 가을 산으로 오르는 길목으로 붉은 옷으로 갈아입은 잎새들이 벌써 이른 수채화를 잔뜩 풀어놓았다. 어느 임의 화실에서 걸어 나왔는지 나그네의 마음까지 아름답게 채색되어 가는 것 같다.

바위를 타고 흘러내리는 옥수를 한 모금 마셨다. 깊은 산골을 돌고 돌아오면서 산삼도 씻어주고 더덕도 몸 담그고 노루의 맑은 눈물도 보태졌으니 이보다 더 좋은 보약이 어디 있겠는가. 또 한 모금을 마시고 하늘을 올려다보았다. 구름이 느릿느릿 흘러가고 있다.

내가 구름을 따라 다니는 것인지 구름이 나를 따라 다니는 것인지. 산정에서 만나는 구름이 신비로운 각양의 형상들을 풀어 놓는다. 순식간에 피어올랐다가 사라지고 다시 피어올라 온갖 형상들을 만들어 내다가 어디론가 사라지곤 한다.

구름바다와 한바탕 놀다가 절벽으로 올라갔다. 낭떠러지에 삶의 둥지를 튼 기특한 나무들이 울긋불긋 붉은 옷으로 갈아입고 단향의 달콤한 자연 솜사탕을 건네준다. 먹어도 먹어도 배부르지 않는 저 향기로운 자연의 냄새…….

자연의 장엄한 향연을 넉넉히 가슴에 담고 있는데 바람이 불어온다. 바람은 점차 거칠어진다. 얼마나 불어대는지 숨쉬기가 곤란했다. 그 바람 앞에 펼쳐진 자연의 명화를 감상하는 기쁨을 어찌 다 글로 표현할 수 있을까.

가을엔 자연 속으로 떠나야 한다. 홀로 떠나야 한다. 바람과 구름의 자유를 찾아 빈 마음으로 떠나면 가득해진 마음으로 돌아오리라.

| eleven |

산에서 살련다.

산이 좋아 산엘 가니 절이 있었다나. 절을 가니 절이 좋아 그곳에서 한 철 살았다네. 그런데 그 절에 사는 중이 싫었다지. 그래서 이젠 산도 절도 아니 가고 싶었다네.

어느 뉘는 산이 좋아 산에만 갔는데 어느 날 문득 보니 절간이 있어 물 한 모금 퍼 마시러 갔더니 풍경도 좋고 인심도 후해 중이 되었다지. 살다 보니 산도 좋고 절도 좋은데 절간에 올라오는 보살들이 싫어 산을 내려 왔다더라.

뉘는 중이 싫고
산도 싫고 절도
싫어 졌다네.

뉘는 산도 좋고
절도 좋은데
보살이 싫어
산을 내려갔다네.

산이 좋아 나는 산이 좋아. 저 파릇한 잎사귀들이 좋아. 저 나무들이 좋아. 산에 산에 핀 저 꽃들이 좋아. 산에서는 외로워도 좋아 고독해도 좋아. 산이 벗이야. 산이 애인이야.

산에 오니 산죽이 피었다. 잎사귀 마다 봄볕이 한가롭다. 인연이 허허롭다면 혼자서 가야 한다. 제 갈 길로 물처럼 구름처럼 혼자서 가야 한다. 대자유가 거기 있다. 혼자서 가는 길에 있다.

맑은 산물 한잔으로
마음을 축여보라
세상사 인간사
별거 아니더라.
괴로워서 괴롭고
외로워서 외로울 뿐
내가 만들어낸 것이니
내가 없애야만 한다네.
다 허상 같은
꿈속의 그림자라
마음에게 물어보라
마음만은 알고 있을 것이다.

| twelve |

산차

말 걸음으로 서둘러 가도
소 걸음으로 느리게 가도

그 길인 것을…….

차茶나 한 잔 하시게.

삶의 걸음은 조절이 필요할 때도 있지. 가도 그만 아니 가도 그만, 머물러도 그만인 남자의 발걸음은 그 길이 그 길이다. 유난떨며 살 이유가 없지. 산암, 남자의 발걸음은 산처럼 늘 거기에 있다. 생강나무꽃차 하나 만들면 하루가 가고 복숭아꽃차 하나 만들면 또 하루가 간다.

봄부터 가을까지 손짓 몸짓이 바쁘다. 꽃피는 시절에 맞춰 생강나무꽃, 진달래꽃, 복숭화꽃……. 봄꽃차를 만들고 새싹이 돋아나기 시작하면 쑥차, 뽕잎차, 감잎차, 귀전우차를 만든다. 잠시 한여름을 피했다가 초가을이 되면 가을 꽃차들이 순서를 기다린다.

각종 열매와 잎사귀로 두루 두루 입맛에 녹여나는 자연 산차를 만들고 나면 겨울이 온다. 한겨울에는 겨우살이를 채취해서 동청차도 만들고 각종 버섯도 가져와 법제를 거친 후 산차로 만든다. 한 여름을 빼곤 계절 마다 생체 리듬에 조화로운 자연 속의 각종 차를 만들어 오는 이가는 차 대접을 하며 삶의 벗들과 함께 나눈다.

이젠 한 해 두 해 거듭 될수록 사지에 힘도 빠지고 옛 시절 만큼 산악을 오르내리면서 채집하던 열의도 사라지고 있다. 다듬고 찌고 덖고 하는 노동도 힘에 부쳐 아주 소량만 만들어 한가한 때 사색의 음료로 즐김을 할 뿐이다 그간 산중에서 많이도 찌고 덖어 아는 지인의 뱃속을 따사롭게 해 주었다. 보람도 보람이지만 그것도 내 생활의 일부였고 수행이었다.

서둘러 가도 느리게 가도 그 길이 그 길인 곳 지리산 토굴에 와서 차나 한 잔 하고 가시게…….

| thirteen |

차茶 시간

찻물을
따끈하게 끓이는 시간만큼
가슴 멍할 때가 있을까

어떤 빛감으로 우러날까
향음은 어떨까
쪼르르 찻잔에 물을 붓고
꽃잎을 띄운다.

차와 마주 앉아 있으면
진선미眞善美의 세상이 보이고
수행자의 행복한 시간이
고독한 낭만으로 흐른다.

이런 순간이다
가장 금해야 할 색과 향을
이토록 즐김 한단 말인가
탐도 끊고 끊다보면
별탐이 생기나 보다.

망중한의 별탐 속에
내 청신한 시간들을 바치며
수행의 끈을 단단하게 조인다.

차 한 잔 속에
지리산이 들어와 앉아있다.
나는 찻잔 속으로 들어가
지리산을 오르고 또 오른다.

| fourteen |

심월心月

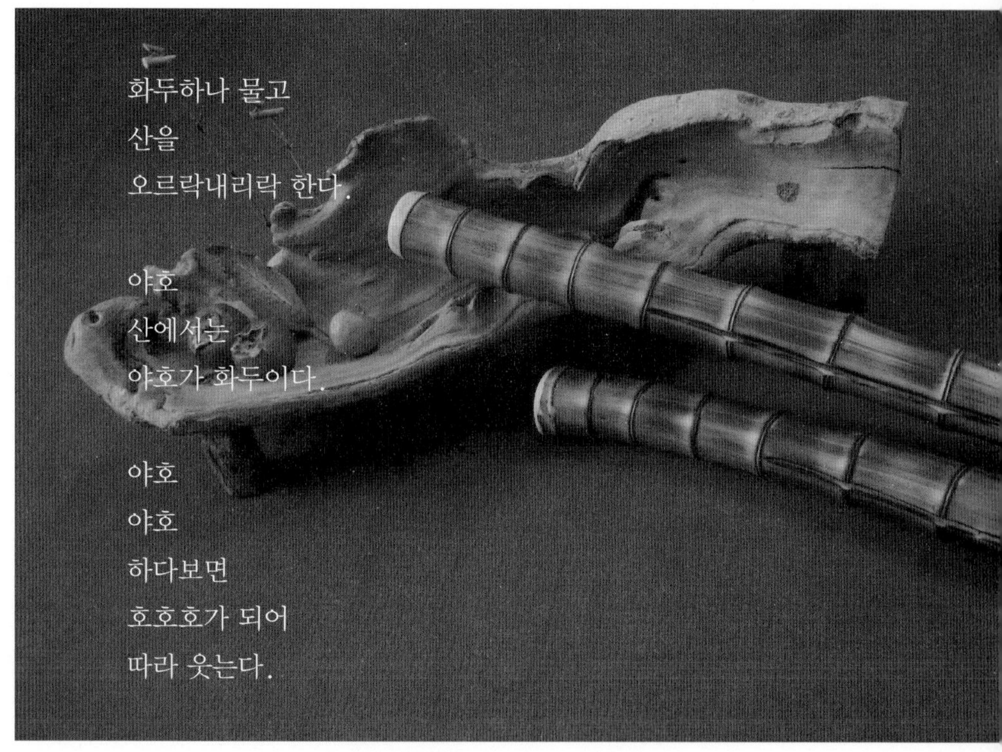
화두하나 물고
산을
오르락내리락 한다.

야호
산에서는
야호가 화두이다.

야호
야호
하다보면
호호호가 되어
따라 웃는다.

심월心月

고놈의 심월을 딴 데서 구하지 말고 네 마음에서 구하며, 구해서 깨쳤거든 깨치기까지의 과정을 얘기 말라. 깨달은 마음을 얻기가 어디 쉽겠는가.

마음의 깨달음을 얻기 위해 불전에 서면 늘 부끄럽다. 얼음도 살살 얼어 가는 세상이니 얼음판 건너기도 쉽지 않아 더욱 살기 어려워진다는데 이럴 때 일수록 마음에 심월을 찾아 심월광서향心月光瑞香이 되어야 하지 않을까.

달을 보았거든 손가락을 보지 말고 집에 돌아왔거든 여정을 묻지 말아야 한다.

| fifteen |

무제1

목탁소리처럼
하루가 다르게
텅텅 비워져 간다.
가진 걸
내려놓기란 쉽지 않은데
때가 되면 내려놓는
십일월의 저 나무들을 본다.

우리는 얼마나 많이
매고 지고 가고 있는가.
내가 마음으로 내 몸 하나
자유롭게 만들지 못하고 있으니
이 마음의 주인은 누구이며
이 몸의 주인은 누구란 말인가

화두 하나 붙잡고
조용히 자리 깔고 앉은 한 철

살아있을 땐 사는 것에 충실하고
죽을 땐 죽음에 전념을 다하자

그리하면
내가 나를 알아볼 날이 오지 않을까

| sixteen |

무제2

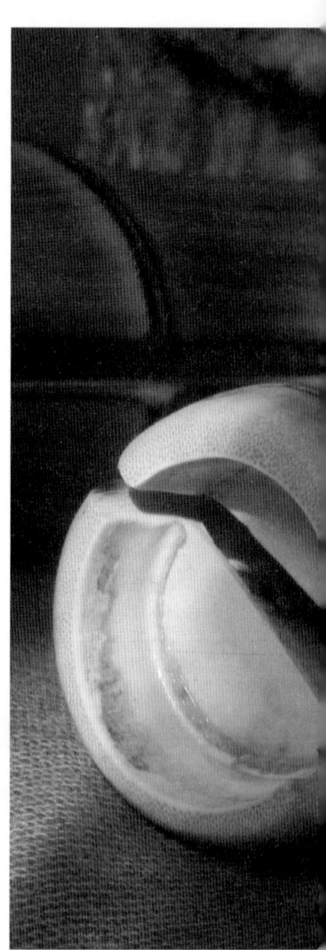

새벽이 지나고
아침이 열릴 때쯤
산 아래는 안개에 가리어져 있고
산자락 허리춤엔 구름 띠가 둘러져 있다.
안개가 걷히고 구름이 물러가자.
한가한 시간들이
그저 나뒹굴고 있다.
솟대 하나 깎고
죽비 하나 다듬으며
마음의 궁핍을 다스렸다.
토굴 주변엔
아직 지지 않은 꽃들이
길섶에 주저앉아 있고
간혹 둘레길을 걷는
나그네의 수런거림이 들려온다.
한숨 같은 따분함이
내 자리를 스밀 때
산차 한 잔 들고 뜨락을 거닐며
번뇌의 유혹을 지운다.

| seventeen |

무제3

산속에 묻혀
흐르는 계절을 들여다보면
기쁨도 슬픔도 없다.

돌이켜 보면
산다는 것은
허망을 일깨우는
여행 같은 것.

세상만사
좋아할 일도
싫어할 일도 없다.

산속에 묻혀
흐르는 세월을 들여다보면
선함도 없고 악함도 없다.

| eighteen |

무제4

일 년 만에
해후를 했어도

안부를
물어 볼 일도
대꾸할 일도 없이

산과 나
둘 다
그저
묵묵默默이다.

산이 내게
빗장 하나를 보여 주며
투명한
숙제꺼릴 두 개 건넨다.

맑게 살 것
그리고
바르게 수행해 갈 것

산이
스승이다.
저 깊은 마음속에
꼭꼭 새겨 두었다.

마른 똥막대기에 번개 쳤다

초판 1쇄 인쇄 | 2012년 1월 15일
초판 1쇄 발행 | 2012년 1월 20일

지은이 | 홍일
펴낸이 | 전승선
편 집 | 신은경
펴낸곳 | 자연과인문
등 록 | 300-2007-172

주 소 | 서울시 종로구 낙원동 58-1 종로오피스텔605호
전 화 | 02-735-0407
팩 스 | 02-744-0407
이메일 | poet1961@hanmail.net
홈페이지 | www.jibook.net

값 13,000원
ISBN : 978-89-968063-01 03800